职业教育无人机应用技术专业系列教材

无人机法律法规与安全飞行

宋建堂 编

机械工业出版社

本书是无人机应用技术专业规划教材，是根据教育部最新颁布的专业教学标准，同时参考相应职业资格标准编写的。

本书主要介绍了国内外民用航空法与无人机航空法规的发展历程、相关定义、条文含义及司法解释等内容，包括民用航空法概述、空气空间法、民航管理法规与制度、无人机法规与安全、无人机空域管理、无人机适航管理、无人机运行管理、无人机人员管理和国外无人机管理。

为方便教学，本书配套有助教课件、教学视频等教学资源，凡选用本书作为教材的教师，均可登录机械工业出版社教育服务网（http://www.cmpedu.com）免费下载，或联系编辑咨询，电话010-88379197。

本书可作为职业院校无人机应用技术专业的教材，也可作为企事业单位无人机操控、组装、维护、管理等岗位的培训教材。

图书在版编目（CIP）数据

无人机法律法规与安全飞行/宋建堂编．—北京：机械工业出版社，2019.9（2023.4重印）

职业教育无人机应用技术专业系列教材

ISBN 978-7-111-63858-2

Ⅰ．①无… Ⅱ．①宋… Ⅲ．①无人驾驶飞机—飞行管理—法规—中国—职业教育—教材 ②无人驾驶飞机—飞行安全—职业教育—教材 Ⅳ．①D922.296 ②V279

中国版本图书馆CIP数据核字（2019）第213348号

机械工业出版社（北京市百万庄大街22号 邮政编码100037）
策划编辑：齐志刚　　责任编辑：王莉娜　齐志刚
责任校对：梁　静　　封面设计：鞠　杨
责任印制：任维东
北京圣夫亚美印刷有限公司印刷
2023年4月第1版第11次印刷
184mm×260mm·12.25印张·256千字
标准书号：ISBN 978-7-111-63858-2
定价：38.00元

电话服务　　　　　　　　　网络服务
客服电话：010-88361066　　机　工　官　网：www.cmpbook.com
　　　　　010-88379833　　机　工　官　博：weibo.com/cmp1952
　　　　　010-68326294　　金　书　网：www.golden-book.com
封底无防伪标均为盗版　　　机工教育服务网：www.cmpedu.com

PREFACE 前言

为深入贯彻落实《国家教育事业发展"十三五"规划》以及《国务院关于大力推进职业教育改革与发展的决定》等文件精神，适应无人机产业迅猛发展对职业院校专业和课程建设的新需求，考虑到现阶段职业院校无人机应用技术专业还没有一套较为合适的教材，大部分院校采用自编或企业培训课件组织教学，满足不了行业发展以及专业建设需要的现状，机械工业出版社于2018年5月11-13日在北京召开了职业院校"无人机应用技术专业"产教融合、教材与资源建设会议。在会上，来自全国无人机应用技术专业的骨干教师、企业专家研讨了新形势下该专业课程体系以及教材和资源建设的原则、方法、内容等。根据会议精神，依据二十大报告中"坚持全面依法治国，推进法治中国建设""加快建设法治社会，弘扬社会主义法治精神，传承中华优秀传统法律文化，引导全体人民做社会主义法治的忠实崇尚者、自觉遵守者、坚定捍卫者"的要求，为适应智能飞行器的应用管理需要，推进智能飞行器管理法规建设、法规知识普及，结合无人机应用技术专业课程体系建设和资源建设的原则、方法、内容，编写了本书。

本书从无人机管理的需求、由来、分类、运行机制、管理内容、管理规章等方面进行了阐述与探讨，希望能为从事无人机飞行的单位、个人在组织实施无人机运行管理时提供有益的帮助。

全书共9章，书中引用的法规条文以2019年4月30日之前发布的为准。第1章介绍民用航空法的定义、特性、由来、发展和规章体系；第2章介绍空气空间法的法律地位、领空、空域管理的相关法律规章；第3章介绍民用航空器的管理、人员管理、民用机场管理规章、通用航空法律制度等内容；第4章介绍无人机法规的地位、作用、特性、分类、立法等内容；第5章介绍无人机空域的划分、空中交通管制和无人机空域管理法律法规；第6章介绍无人机适航管理、适航管理标准、生产制造管理、证照管理等内容；第7章介绍无人机的运行管理、管理方式、管理机构、运营人、无人机云系统以及植保无人机与无人飞艇的运行管理等内容；第8章介绍无人机人员分类、管理方式、法律责任、训练与管理等内容；第9章介绍澳大利亚、欧盟、美国、马来西亚、日本、英国和巴西等国有关无人机的管理机构、管理规章、管理内容和管理经验等内容。

本书由北京康鹤科技有限责任公司鸿鹤研究院院长宋建堂编写。在编写过程中，编者参阅、借鉴了大量的国内外文献、网络资源和相关规章、标准及研究成果，在此谨向相关资源拥有者（或文献作者）致以诚挚的谢意！

由于编者水平有限，书中难免有不足和错漏之处，敬请广大专家、同行和读者批评指正。

编 者

CONTENTS 目录

前言

第1章 民用航空法概述 ... 1
    导读 ... 2
    1.1 民用航空法简介 ... 2
    1.2 民用航空法的特性 ... 11
    1.3 民用航空法的由来 ... 12
    1.4 民用航空法的发展历程 ... 14
    1.5 国内民用航空适航规章体系 ... 20
    习题 ... 22

第2章 空气空间法 ... 23
    导读 ... 24
    2.1 空气空间的法律地位 ... 24
    2.2 领空 ... 25
    2.3 空域管理 ... 30
    习题 ... 32

第3章 民航管理法规与制度 ... 33
    导读 ... 34
    3.1 民用航空器管理 ... 34
    3.2 民用航空人员管理 ... 50
    3.3 民用机场管理规章 ... 53
    3.4 通用航空法律制度 ... 57
    3.5 民航刑法及航空安保法律制度 ... 64
    习题 ... 68

第4章 无人机法规与安全 ... 69
    导读 ... 70
    4.1 无人机法规简介 ... 70
    4.2 无人机法规的特性 ... 72

4.3　无人机法规的分类 73
4.4　无人机立法的发展历程 75
　　习题 78

第5章　无人机空域管理 79
导读 80
5.1　无人机空域划分 80
5.2　空中交通管制 85
5.3　无人机空域管理法律法规 95
　　习题 100

第6章　无人机适航管理 103
导读 104
6.1　无人机适航管理简介 104
6.2　我国无人机适航管理标准 108
6.3　无人机生产制造管理 118
6.4　无人机适航证照管理 120
　　习题 120

第7章　无人机运行管理 121
导读 122
7.1　概述 122
7.2　无人机运行管理方式 124
7.3　无人机运行管理机构 129
7.4　民用无人机运营人的责任 131
7.5　无人机云系统提供商 132
7.6　植保无人机与无人飞艇的运行管理 133
7.7　无人机管控技术 134
　　习题 138

第8章　无人机人员管理 139
导读 140

CONTENTS

  8.1 无人机人员 140
  8.2 无人机人员管理方式 141
  8.3 无人机人员的法律责任 144
  8.4 人员训练与管理 146
  习题 154

第 9 章 国外无人机管理 155
  导读 156
  9.1 澳大利亚无人机管理 156
  9.2 欧盟无人机管理 159
  9.3 美国无人机管理 162
  9.4 马来西亚无人机管理 168
  9.5 日本无人机管理 170
  9.6 英国无人机管理 170
  9.7 巴西无人机管理 173
  习题 175

附录 习题参考答案 177

参考文献 189

第 1 章 民用航空法概述

导读

法律是人类社会中一种特殊的行为规范，是由国家制定或认可的、依靠国家强制力来保证实施的，具有强制性。法律对全体社会成员具有普遍约束力。民用航空法隶属于国家法律体系，对航空有关的各种活动具有普遍的约束性，用于调整民用航空活动中所产生的社会关系，目的是保证航空活动安全、有序发展。

无人机整个活动中涉及的训练、飞行、生产等都属于航空活动的范畴，其运行中所遵循的规章、制度属于民用航空法律法规的范畴。

本章主要介绍民用航空法的含义、调整对象、特征、渊源、发展历史，在此基础上为阐述无人机相关法律的含义、调整对象、渊源等储备知识。

教学目标

通过本章的学习，主要掌握以下几个方面的知识：
民用航空法的含义、调整对象；民用航空法的特性；民用航空法的形成与发展等。

1.1 民用航空法简介

民用航空法是调整民用航空活动中所产生的社会关系的法律规范的总称。其由国家制定，用于规范航空活动行为，目的是保证航空活动的安全、有序发展。航空法主要是由国际航空法和国内航空法两部分组成，航空法规体系如图1-1所示。

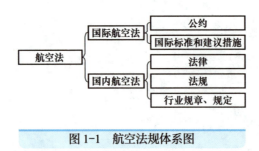

图1-1 航空法规体系图

1.1.1 民用航空法

1. 民用航空法的产生

民用航空法是20世纪初随着航空科学技术的发展和飞机的发明，逐渐形成的一门新兴法律学科。民用航空活动本质上是一种经济活动，相关科学技术以及与之配套的各企业和服务业构成了国家经济中的重要门类。而经济活动需要遵守一定的规则，民用航空法律法规由此应运而生。随着各国民用航空活动交流的发展，需要制定一些共同的规则和标准。于是，第一次世界大战结束以来，在各国航空法律法规的基础上，诞生了一系列有关民用航空的国际公约、国际组织和规章制度，形成了国际航空法。

2．航空法的定义

航空法根据其内涵的不同，可分为广义航空法、狭义航空法及航空法。

（1）广义航空法　广义航空法是指所有与调整航空活动相关的法律关系的法律规范，包括全部国际航空公约、各国颁布的以航空法命名的航空法法典、其他法律中关于民用航空的法律规范、各国政府发布的有关航空的行政法规、民航主管部门发布的民用航空规章和关于航空的立法司法解释。只要是与航空活动有关联的法律、法规，都可以涵盖在广义航空法中。

（2）狭义航空法　狭义航空法是指仅以航空法命名的航空法典，具体规定航空活动的相关法律、法规、条文。例如：我国《民用航空法》、美国《1958年联邦航空法》、俄罗斯《联邦航空法》、英国《民用航空法》等。

此外，从国际法视角看，航空法又专指调整国际航空运输活动的一系列条约体系构成的国际航空法。

（3）航空法　航空法是调整和规范人类空中航空活动及其相关制度与法律关系的，涵盖了公法与私法范畴的，国际与国内各种原则、规范与规则的总称。

由于历史条件的限制，各国航空业的发展情况不同，对于航空法的定义，仁者见仁、智者见智，各国学者表述不一，其中主要有以下表述：

1）法国学者：航空法是一套关于飞机、空中航行、航空商业运输，以及由国内国际空中航行引起的，公法或私法的全部法律关系的国内国际规则。

2）阿根廷学者文斯卡拉达：航空法是一套支配由航空活动引起的或经其修改的制度与法律关系，公法与私法，国际法与国内法的原则与规范。

3）荷兰法学家迪得里克斯·弗斯霍尔：航空法是调整空气空间的利用并使航空活动、公众和世界各国从中受益的一整套规则。

4）我国学者吴建端：航空法是关于航空器、商业空运以及国内和国际空中航行所产生的一切公法和私法关系的一组国内和国际规则。

5）我国学者黄涧秋：航空法是调整人们在空气空间中从事航空活动的法律规范的总称。

3．民用航空及民用航空法的不同描述

（1）民用航空　民用航空是指除军用航空和公务航空以外的一切使用航空器进行航空飞行的活动。该描述明确了民用航空是航空的一部分，同时以"使用"航空器界定了它和航空制造业的界限，用"非军事性质"表明了它和军事航空的不同。

（2）民用航空法　民用航空法是指调整民用航空活动所产生的社会关系的法律，是关

于航空器及其运行的法律规则,是规定领空主权,管理空中航行和民用航空活动的法律规范的总称。

(3) 对民用航空法的不同描述 在我国《国际法》教材中,"空气空间法"与"国际航空法"两个名称是相互通用的。但是,学术界通用的名称是"航空法"(air law)。《布莱克法律词典》将 air law 定义为"法律尤其是国际法的一部分,与民用航空法(aviation law)相关"。可见,air law 与 aviation law 是可以相互通用的。1944 年《国际民用航空公约》(芝加哥公约)中的航空就是 aviation。

由于航空法的特殊属性,学术界并没有严格区分国际航空法和航空法。由于国际航空法主要调整民用航空跨国经营关系,包括芝加哥公约的规定,因此一般国际民用航空法与民用航空法通用,除非特别标明某国民用航空法。民用航空国际法与国内法的关系如图 1-2 所示。

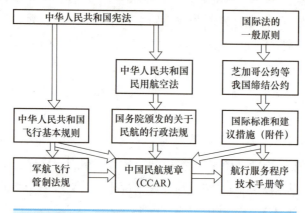

图 1-2 民用航空国际法与国内法的关系

1.1.2 航空活动的分类

航空活动根据用途不同,可以分为民用航空和非民用航空两大类。无论是有人航空器还是无人航空器,都可以根据用途进行分类。航空活动的分类具体如图 1-3 所示。

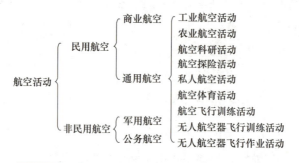

图 1-3 航空活动的分类

1. 商业航空

商业航空是指以航空器为载体进行经营性客、货运输的航空活动。它既是一种以盈利为目的的商业活动,又是以运送为目的的运输活动。航空运输与铁路、公路、水路和管道运输共同组成了国家的交通运营系统。尽管航空运输与其他运输方式相比,运输量相对较少,但由于其快速、远距离运输的能力及高效益,使其在总产值上的排名不断提升,并在经济全球化的浪潮中和国际交往中发挥着不可替代的作用。东方航空的客机从事的就是商业航空运输工作(图1-4)。

图1-4　旅客运输飞机

2. 通用航空

通用航空是指使用民用航空器从事公共航空运输以外的民用航空活动,大致分为下列几类:

(1) 工业航空活动　工业航空活动主要包括使用航空器进行工矿业有关的各种活动,具体的应用有:航空摄影、航空遥感、航空物探、航空吊装、石油航空、航空环境监测等。在这些领域中利用了航空的优势,可以完成许多以前无法进行的工程。如海上采油,如果没有航空提供便利的交通和后勤服务,很难想象会出现这样一个行业。随着无人机行业的发展,无人机由纯粹的军事应用逐渐发展到航空摄影、航空遥感、航空物探、航空环境监测等领域,使这些工作的效率提高了几十倍到上百倍。图1-5所示为航空摄影飞机和环境监测飞机。

图1-5　航空摄影飞机、环境监测飞机

(2) 农业航空活动　农业航空活动指包括农、林、牧、渔等各行业的航空服务活动。当前无人机在森林防火监控、农药播撒等方面得到了广泛的应用,取得了显著的经济效益。

图 1-6 所示为森林防火飞机。

图 1-6　森林防火飞机

（3）航空科研和航空探险活动　航空科研和航空探险活动包括新技术的验证、新飞机的试飞，以及利用航空器进行的气象天文观测和探险活动。图 1-7 所示为试飞中的 C919 飞机。

（4）航空飞行训练活动　航空飞行训练活动是指除培养空军飞行员外培养各类飞行员的学校和俱乐部的飞行活动。

（5）航空体育活动　航空体育活动是指利用各类航空器开展的体育活动，如跳伞、滑翔机、热气球以及航空模型运动。图 1-8 所示为跳伞运动。

图 1-7　试飞中的 C919 飞机　　图 1-8　跳伞运动

（6）私人航空活动　私人航空活动是指私人拥有航空器并进行的航空活动。

1.1.3　民用航空系统的组成

民用航空系统主要由政府部门、民航企业、民航机场三部分组成。

1．政府部门

民用航空业对安全的要求高，涉及国家主权和交往的事务多，要求迅速协调和统一调度，因而几乎每个国家都设立了独立的政府机构来管理民航事务。我国由中国民用航空总局来负责管理民航事物。政府部门管理的内容主要有：

1）制定民用航空各项法规、条例，并监督这些法规、条例的执行。

2）对航空企业进行规划、审批和管理。

3）对航路进行规划和管理，并对日常的空中交通实行管理，保障空中飞行安全、有效、迅速地实行。

4）针对民用航空器及相关技术装备的制造、使用制定技术标准，进行相关审核、发证，监督安全，调查处理民用飞机的飞行事故。

5）代表国家管理国际民航的交往、谈判，参加国际组织的活动，维护国家的利益。

6）对民航机场进行统一的规划和业务管理。

7）对民航的各类专业人员制定工作标准，颁发执照，并进行考核，培训民航工作人员。

2．民航企业

民航企业是指和民航业有关的各类企业。航空运输企业（航空公司）利用掌握的航空器从事生产运输，是民航企业生产收入的主要来源。其他类型的民航企业，如油料、航材、销售企业等，都是围绕着航空运输企业开展活动的。航空运输企业的业务主要分为两个部分：一部分是航空器的使用（飞行）、维修和管理；另一部分是公司的经营和销售业务，如各个航空公司（东方航空、南方航空、海南航空、邮政航空、四川航空、奥凯航空等）的运营。

3．民航机场

民航机场是民用航空和整个社会的结合点，也是一个地区的公众服务设施。民航机场既具有盈利的企业性质，同时也具有为地区公众服务的事业性质，因而世界上大多数民航机场是在地方政府管辖下的半企业性质的机构。主要为航空运输服务的民航机场称为航空港，简称空港，使用空港的一般是较大的运输飞机。空港要有为旅客服务的地区（候机楼）和相应设施。

民用航空是一个庞大复杂的系统，其中有事业性质的政府机构，有企业性质的航空公司，还有半企业性质的空港，各个部分协调运行才能保证民用航空事业的迅速开展。图1-9所示为首都机场俯瞰图，图1-10所示为深圳机场候机楼。

图1-9 首都机场俯瞰图

图1-10 深圳机场候机楼

1.1.4 民用航空管理机构

民用航空管理机构对各种民用航空事务进行管理，以确保航空活动有序进行。由于民用航空的特殊性，民航管理机构主要分为管理从事国际航空活动的国际民用航空组织和管理从事国内航空活动的民用航空局。

1．国际民用航空组织

(1)国际民用航空组织　国际民用航空组织(ICAO)简称国际民航组织，成立于1947年，是联合国负责处理国际民航事务的专门机构。国际民航组织总部设在加拿大蒙特利尔，截至 2011 年有 191 个会员国在民航领域中开展合作。其主要活动是研究国际民用航空的问题，制定民用航空的国际标准和规章，鼓励使用安全措施、统一业务规章和简化国际边界手续。

国际民航组织前身为根据 1919 年《巴黎公约》成立的空中航行国际委员会（ICAN）。1944 年 11 月 1 日至 12 月 7 日，52 个国家在芝加哥召开的国际航空会议上签署了《国际民用航空公约》——《芝加哥公约》，按照公约规定成立了临时国际民航组织（PICAO）。1947 年 4 月 4 日，《芝加哥公约》正式生效，国际民航组织也因之正式成立，并于 5 月 6 日召开了第一次大会。1947 年 5 月 13 日，国际民航组织正式成为联合国的一个专门机构。

国际民航组织的职责协调国际民航关系、解决国际民航争议、缔结国际条约、特权和豁免、参与国际航空法的制定等。在国际民航组织的主持下，制定了很多涉及民航各方面活动的国际公约，从《芝加哥公约》及其附件的各项修正到制止非法干扰民用航空安全的非法行为，以及国际航空私法方面的一系列国际文件。

国际民航组织是政府间的国际组织，是联合国的一个专门机构。

国际民航组织的宗旨和目的在于发展国际航行的原则和技术，促进国际航空运输的规划和发展，以确保全世界国际民航、技术、设施安全有序发展。

国际民航组织由大会、理事会和秘书处三级框架组成。大会是国际民航组织的最高权力机构，由全体成员国组成；理事会是向大会负责的常设机构，由大会选出的 33 个缔约国组成；秘书处是国际民航组织的常设行政机构，由秘书长负责保证国际民航组织各项工作的顺利进行。

国际民航组织的主要工作是按照《芝加哥公约》的授权，发展国际航行的原则和技术；修订现行国际民航法规条款并制定新的法律文书；制定并更新关于航行的国际技术标准和建议措施；安全监察（Safety Oversight Program）——航空安全审计、航空安全缺陷寻找。

国际民航组织的工作重点是制止非法干扰（Aviation Security）；实施新航行系统（ICAO CNS/ATM Systems）；执行航空运输服务管理制度（Air Transport Services Regulation）；进行民航部门产品的整合统计；技术合作；向各国和各地区的民航训练学院提供援助，使其能向各国成员提供民航各专业领域的在职培训和国外训练。

（2）我国政府与国际民航组织的关系　我国是国际民航组织的创始国之一，旧中国政府于 1944 年签署了《国际民用航空公约》，并于 1946 年正式成为会员国。

1971 年 11 月 19 日，国际民航组织第七十四届理事会第十六次会议通过决议，承认中华人民共和国政府为中国唯一合法代表。

1974 年 2 月 15 日，我国政府承认《芝加哥公约》并参加国际民航组织的活动。同年，我国当选为二类理事国，至今已八次连任。2004 年在国际民航组织的第 35 届大会上，我国当选为一类理事国。在蒙特利尔设有中国常驻国际民航组织理事会代表处。

2013 年 9 月 28 日，我国在加拿大蒙特利尔召开的国际民航组织第 38 届大会上再次当选为一类理事国。这是自 2004 年以来，我国第四次连任一类理事国。

2．中国民用航空局

中国民用航空局简称民航局（CAAC），是中华人民共和国国务院主管民用航空事业的部委管理的国家局,由交通运输部管理。其前身为中国民用航空总局,于 2008 年 3 月改为中国民用航空局。图 1-11 所示为中国民用航空局网站首页界面,图 1-12 所示为中国民用航空局信息公开页面。民航局的职责如下:

图 1-11 中国民用航空局网站首页

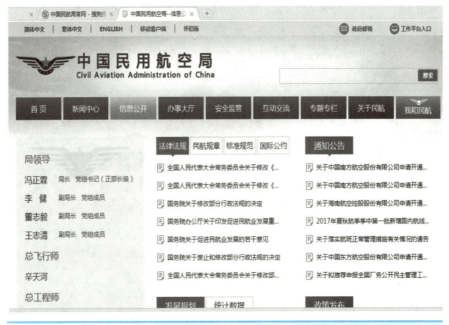

图 1-12 中国民用航空局信息公开页面

1)提出民航行业发展战略和中长期规划、与综合运输体系相关的专项规划建议,按规定拟订民航有关规划和年度计划并组织实施和监督检查。起草相关法律法规草案、规章草案、政策和标准，推进民航行业体制改革工作。中国民用航空局办事大厅（政策页面）如图 1-13 所示。

图 1-13　中国民用航空局办事大厅（政策页面）

2）承担民航飞行安全和地面安全监管责任。负责民用航空器运营人、航空人员训练机构、民用航空产品及维修单位的审定和监督检查，负责危险品航空运输监管、民用航空器国籍登记和运行评审工作，负责机场飞行程序和运行最低标准监督管理工作，承担民航航空人员资格和民用航空卫生监督管理工作。图 1-14 所示为飞行安全与地面安全监管政策页面。

图 1-14　中国民用航空局安全监管政策页面

3）负责民航空中交通管理工作。编制民航空域规划，负责民航航路的建设和管理，负责民航通信导航监视、航行情报、航空气象的监督管理工作。

4）承担民航空防安全监管责任。负责民航安全保卫的监督管理，承担处置劫机、炸机及其他非法干扰民航事件相关工作，负责民航安全检查、机场公安及消防救援的监督管理工作。

5）拟订民用航空器事故及事故征候标准，按规定调查处理民用航空器事故。组织协调民航突发事件应急处置，组织协调重大航空运输和通用航空任务，承担国防动员有关工作。

6）负责民航机场建设和安全运行的监督管理。负责民用机场的场址、总体规划、工程设计审批和使用许可管理工作，承担民用机场的环境保护、土地使用、净空保护有关管理工作，负责民航专业工程质量的监督管理工作。

7）承担航空运输和通用航空市场监管责任。监督检查民航运输服务标准及质量，维护航空消费者权益，负责航空运输和通用航空活动有关许可管理工作。

8）拟订民航行业价格、收费政策并监督实施，提出民航行业财税等政策建议。按规定权限负责民航建设项目的投资和管理，审核（审批）购租民用航空器的申请。监测民航行业经济效益和运行情况，负责民航行业统计工作。

9）组织民航重大科技项目开发与应用，推进信息化建设。指导民航行业人力资源开发，科技、教育培训和节能减排工作。

10）负责民航国际合作与外事工作，维护国家航空权益，开展与港澳台的交流与合作。

11）管理民航地区行政机构、直属公安机构和空中警察队伍。

12）承办国务院及交通运输部交办的其他事务。

1.1.5　民用航空法的调整对象

民用航空法的调整对象是民用航空活动以及由此产生的各种法律关系。具体来说，民用航空法主要是对有关航空器航空人员等的规定、规范和调整国际国内公共航空运输、通用航空运输活动及其所产生的行政管理和农商法律关系。

1944 年《芝加哥公约》第 3 条指出："本公约仅适用于民用航空器，而不适用于军事、海关和警察部门的航空器。"

我国《民航法学》第 5 条指出："本法所称民用航空器是指除用于执行军事、海关、警察飞行任务外的航空器。"

1.2　民用航空法的特性

民用航空法用于调整民用航空活动及由此产生的各种法律关系。反映在对外关系上具有很强的国际性；反映在立法根源上则具有独有的法律体系，即具有很强的独立性；反映在涉及的领域和社会关系上，具有广泛的综合性；反映在使用时间上，只是适用于调整和平时期民用航空活动及相关领域的社会关系，即具有平时性。

1.2.1　国际性

民用航空活动的国际性，决定了与之配套的民用航空法的国际性。

航空活动所处的空气空间的无边界性决定了航空活动的国际性。航空活动的目的主要是为了进行国际间的航空运输。航空活动的高速性和远程性，以及相关的领空飞越等特殊性质，决定了管理航空活动法规的国际性。在航空法的发源地欧洲，航空法在诞生之初就作为国际法的一部分而存在。由于欧洲中小国家众多，飞机短时间内飞跃数国的情形并不鲜见。因此，欧洲诸国学者至今仍将航空法等同于国际航空法。

国际航空活动必须具有统一的航空技术标准，要求各国制定统一的航空法律法规以适应航空活动的需要，各国国内民用航空法是一种涉外性很强的法律。国内航空法与国际航空法有着十分密切的关系，因此，民用航空法具有国际性。

1.2.2 独立性

独立性是指民用航空法自成体系，形成一个独立的法律学科。国际《民航法学》作为国际法的一个新门类、新学科，具有相对独立性。国内民用航空法既具有国际法的共性，又具有国内法的独立性。

1.2.3 综合性

综合性是指调整民用航空及其相关领域中产生的社会关系的各种法律相互关联，调整方法多种多样，既有调节国家间的国家公法，又有调节涉外民事关系的国际私法。

国际公法又叫国际法，旧称"万国法"或"万国公法"，是调整国家之间关系的有拘束力的原则、规则、规章、制度的总称，涉及领空、主权、国际、国家间关系等。如1919年的《巴黎公约》、1944年的《芝加哥公约》、1963年的《东京公约》等一系列公约。

国际私法用于调整涉外民事法律关系，涉及航空运输、财产、合同、保险、侵权等。如以1929年的《华沙公约》为代表的一系列国际私法公约。

1.2.4 平时性

民用航空法的平时性是指民用航空法仅用于调整和平时期民用航空活动及其相关领域产生的社会关系。处于战争或国家处于紧急状态时，民用航空则要受到战时法令或紧急状态下的非常法的约束。

1.3 民用航空法的由来

1.3.1 民用航空法的渊源

民用航空法的渊源是指民用航空法的来源。我国航空法是国际航空法的一个组成部分。

依照国际航空法的渊源，民用航空法来源于《多边国际公约》《双边协定》《国内法及法院判例》《国际法的一般原则和习惯法》《国际组织的立法或准立法文件》《国际民间航空组织通过的决议》《国际间合同性协议》等法律文件。

1.3.2　民用航空法的组成

民用航空法主要由国际条约、国际法的一般原则和习惯、国内法以及法院判例等组成。

1．国际条约

国际条约是国家及其他国际法主体之间缔结的以国际法为准则来确定其相互关系中的权利和义务的一种国际书面协议，也是国际法主体间相互交往的一种最普遍的法律形式。其名称包括：条约、公约、协定、议定书、宪章、盟约、换文、宣言等。

1）1929年10月12日在华沙签订了《关于统一国际航空运输某些规则的公约》，简称《华沙公约》。《华沙公约》是有关航空运输规则的公约，分5章41条，对国际航空运输的范围、运输凭证、承运人的责任等都做了详细的规定。《华沙公约》在执行过程中，经过多次国际会议讨论、修改，每次修改都有附加的议定书。中国于1958年7月19日加入了该公约。

2）1944年12月7日在芝加哥签订的《国际民用航空公约》简称《芝加哥公约》，是涉及国际民用航空在政治、经济、技术等领域各方面问题的综合性公约，分22章96条，涵盖国际民用航空的原则，在缔约国领空飞行的权利，便利国际航空的各种技术措施、技术标准以及国际民用航空组织的宗旨、机构和活动等内容。与《芝加哥公约》同时签订的还有《国际航空过境协定》和《国际航空运输协定》两项协定。

3）1963年9月14日在东京签订的《关于在航空器内犯罪和犯有某些其他行为的公约》，简称《东京公约》。中国于1978年加入了《东京公约》。

4）1970年12月16日在海牙签订的《关于制止非法劫持航空器的公约》，简称《海牙公约》。中国于1980年加入了《海牙公约》。

5）1971年9月23日在蒙特利尔签订的《制止危害民用航空安全的非法行为的公约》，简称《蒙特利尔公约》。中国于1980年加入了《蒙特利尔公约》。

2．国际法的一般原则和习惯

国际法虽然源于国际条约，但也不排除国际惯例作为国际民航法的渊源。当没有条约规定的时候，惯例就成为了适用的规则。国际惯例形成适用的规则有一个过程，一旦惯例被国际社会接受和承认，便成为国际习惯法规则，具有了普遍的约束力。

3．国内法以及法院判例

在有关航空活动中，国内法以及法院判例为航空法提供了有力的支撑。如在处理航空刑事责任、空中交通管制人员民事责任、空中相撞责任、产品责任、机场人员的责任等问题时只能适用于有关国家的国内法。同时，《华沙公约》以及各国法院的判例，对公约的解释和实施具有重大影响。

4．我国民航法律体系的构成

我国民航法律体系已初步形成了由 1 部法律《中华人民共和国民用航空法》、27 部行政法规和行政法规性文件以及 115 部现行有效规章组成的多层次的民航法规体系，涵盖了运行管理、人员训练、适航管理、机场管理、人员管理、航空器维修等多方面的内容。鉴于民用航空的特殊性，我国建立了中央集中统一的领导体制，除了特别行政区某些特殊具体事项外，不需要制定地方性航空法律法规。

5．其他形式

民用航空法的来源除了国际公约、各国法院判例、国际惯例外，还有：

1）国际组织的立法或准立法文件，如国际民航组织和国际航空运输协会的立法或准立法活动；

2）区域性多边条约、决议、条例，对国际航空法的发展也做出过有益的贡献；

3）国际间合同性协议，有时也是航空法的渊源，如国际航空公司之间的多边联运协议等。

1.4 民用航空法的发展历程

1.4.1 国外民用航空法的发展及立法

民用航空法的发展经历了萌芽时期、形成与完善时期和现代民用航空法的发展时期三个阶段。

1．萌芽时期

1783 年 11 月 21 日，人们使用热气球首次载人飞行获得成功，这一成功象征着人类开始征服天空，被载入了航空发展史。1784 年，法国巴黎发布了治安法令，规定未经警察当局批准，禁止热气球升空，这一法令被誉为第一部"航空法"。1889 年，法国政府邀请欧洲 19 个国家在巴黎召开了第一次讨论航空法的国际会议，但由于各国对航空法的一些基本问题有意见分歧，这次会议及其后的几次会议均未取得任何成果。1902 年，在国际法学会的布鲁塞尔年会上，法国著名法学家福希尔提出了人类第一部航空法典的建议草案《浮空器的法律制度》。1903 年，美国的莱特兄弟试验成功一种重于空气的飞行器——这是现代飞机的雏形。1909 年，在欧洲，布莱里奥驾驶第一架飞机飞越了英吉利海峡。1910 年，欧洲 19 国又在巴黎开会讨论制定国际航空立法问题，但因对空气空间的法律地位，即航空自由还是领空主权的问题，未能取得一致意见。

总之，在第一次世界大战（1914—1918 年）以前，人类的航空活动基本上还处于试验阶段。热气球、飞船和简易飞机的各种性能还不够稳定成熟，除可执行军事使命外，还谈不上作为运输工具运载旅客、货物和邮件。这个时期，各国尤其是英法两国虽在国内初步做了一些立法工作，但还未形成成套规则。

2. 形成与完善时期

第一次世界大战期间，航空技术被广泛用于战争。以英国为例，战争刚爆发的1914年，只有12架军用飞机，到1918年战争结束时，已拥有飞机22000架。战争刺激了航空技术和航空制造业的发展，为战后和平时期大力发展民用航空准备了物质条件。

1916年，未参与第一次世界大战的美洲大陆各国，在国际航空法的基本原则方面，取得了突破性进展。同年，在智利首都圣地亚哥举行的泛美航空会议上通过了一套原则，即空气空间被宣布为国家财产；各国对其领土之上的空气空间拥有主权；飞机必须具有国籍，涂有本国标记，但在美洲各国之间，各美洲国家的飞机可自由航行等。这些都为第一次世界大战后欧洲乃至世界的国际航空立法准备了条件。

1919年10月13日，《关于管理空中航行的公约》（《巴黎公约》）在巴黎诞生。《巴黎公约》共9章43条，8个附件。根据公约的规定，建立了常设管理机构"国际空中航行委员会"。在第一次世界大战后的巴黎和会上，制定了第一个国际航空法典——《航空管理公约》。公约第一条规定，各国对其领土之上空气空间具有完全的和排他的主权，这为国际航空法奠定了基石。早期公约立法中，引入了海洋法中的一些规则，其中最明显的是"无害通过权"、适航证、驾驶人员执照以及国籍原则等规则。这些规则经过后来的实践检验，有些并不适合于航空的性质，如"无害通过权"；有些则被改造，使之适应航空活动的实际。但是，这并不妨碍《巴黎公约》在航空法发展史上的开拓性地位，它所确定的基本内容，今天依然适用。

《巴黎公约》是国际航空法的第一个多边国际公约，它确立了领空主权原则，为国际空中航行的法律制度奠定了坚实的基础。它被誉为"航空法的出生证"，标志着航空法的正式形成，表明了"航空法是20世纪的产物"。

《巴黎公约》于1922年7月11日开始生效，到1939年第二次世界大战前，已有32个国家批准或加入。1926年11月1日，以西班牙和葡萄牙为首，集合20个欧洲和美洲国家，在马德里签订了《伊比利亚—美洲空中航行公约》（即《马德里公约》）。1928年2月20日，以美国为首，在哈瓦那签订了《泛美商业航空国际公约》（即《哈瓦那公约》）。《马德里公约》和《哈瓦那公约》关于空中航行的规定，基本上与《巴黎公约》一致，可见，《巴黎公约》在很大程度上促进了法律制度的统一。此外，《巴黎公约》按第三十四条设立了"国际空中航行委员会"（ICAN），作为常设性国际机构，是今天国际民用航空组织（ICAO）的前身。

随着国际航空运输的发展，"私法"方面产生的法律冲突逐渐增多。在法国政府的倡导下，1925年10月27日，在巴黎召开了第一届"国际航空私法"会议，为统一国际航空运输的责任制度提出了一个公约草案，并成立"国际航空法律专家技术委员会"。此后，经"国际航空法律专家技术委员会"的努力，先后于1929年签署了《华沙公约》、1933年签署了《罗马公约》、1938年签署了《布鲁塞尔保险议定书》、1933年签署了《航空器预防性扣留公约》等法律文件。这些文件一般都被冠以"统一某些规则"的字样，在统一国际航空私法上做出了一定的贡献。在这一时期，随着国际航空法的形成和发展，一些国家的国内航空法也在逐步完善。

从以上情况不难看出，第一次世界大战后，随着民用航空发展前景的逐渐明朗，出现了国际航空立法的第一次高潮。这个时期形成的国际文件，为后来的国际航空发展奠定了良好的基础。

3. 现代民用航空法的发展时期

第二次世界大战把人类的航空科技推向一个更高的阶段。战前，相对于欧洲来说，美国的航空企业和航空科学比较落后，但在战争中它的航空科学和制造远程飞机的能力不论数量和质量都处于绝对领先地位，一跃而成为航空超级大国，改变了战前以欧洲为中心的局面。

（1）芝加哥会议　1944年，为规划战后国际民用航空事业，美国总统罗斯福出面邀请同盟国和中立国出席芝加哥"国际民用航空会议"。这是航空法发展史上规模空前而且影响最为深远的盛会，除德意日等"轴心国"没有资格派代表出席，苏联因不满某些中立国而没有派代表出席外，实际与会的共52个国家。

芝加哥会议在国际航空立法的基本指导思想上进行了激烈争论，会上提出的基本方案主要有三个：

第一，美国的"航空自由"论，主张在国际航空运输中不受主权限制，由各国进行自由竞争。

第二，英国的协调论，主张"航空秩序"，建立一定的国际机构以协调国际航空运输，负责分配世界各条航路，确定运力和运费。加拿大的方案基本与英国相同，但希望详细定出条文。

第三，澳大利亚和新西兰方案，主张建立一个超国家性质的国际机构，统一经营国际航空运输，实现航空运输的国际化。

我们知道，到1945年6月才正式签署的联合国宪章当时也处于酝酿阶段。因此，1944年召开芝加哥会议的时候，人们对战后国际格局的认识尚十分朦胧，抱有许多幻想。英国方案，尤其是澳大利亚与新西兰方案，在不同程度上反映的是这种相当朦胧的幻想，是不切实际的。

芝加哥会议的焦点集中在美国的"航空自由"论与英国的"航空秩序"论上。会上支持"航空自由"论的只有荷兰和个别北欧国家，而英国的"航空秩序"论获得绝大多数国家的赞同，它最终反映在表述《芝加哥公约》宗旨的"序言"中，"使国际民用航空得以按照安全和有秩序的方式发展";更反映在该公约的第一条,它重申了1919年《巴黎公约》关于各国对其领土之上的空气空间具有完全的和排他的权利的原则。

这次会议的主要成就是制定了被称作国际民航宪章的《国际民用航空公约》(通称1944年《芝加哥公约》)。公约第八十条规定,该公约取代1919年《巴黎公约》和1928年《哈瓦那公约》,并废止一切与该公约相抵触的协议(第八十二条)。因此,《芝加哥公约》是现行国际航空法的基础文件。公约于1947年4月4日生效,迄今已有150多个国家批准或加人。我国也于1974年加入。

按照芝加哥会议的临时协议,在《芝加哥公约》未生效前先设立"临时国际民用航空组织"(PICAO)作为1947年正式的国际民航组织(ICAO)的前身。根据公约第六十四条的规定,该国际民航组织于1947年5月13日成为联合国的一个"专门机构"(图1-15)

图1-15 国际民用航空组织

(2) 航空私法规则的完善 第二次世界大战之后,航空私法规则有了较大的完善,主要表现在以下几个方面。

1) 1948年《日内瓦公约》的制定。1948年《日内瓦公约》,全称《关于国际承认对飞机权利的公约》,1957年9月17日起生效。它是在国际民航组织成立后,根据各国要求,在原航空法专家国际委员会(CITEJA)第一小组研究文件草案的基础上,对已依据登记国法律登记的飞机产权以及购买、租赁、抵押等权利的国际承认问题,做出了统一规定。这是国际航空私法方面的一个重要国际公约。我国未加入。

2) 1952年《罗马公约》及其《议定书》的制定。1952年《罗马公约》,全称《关于外国航空器对地(水)面上第三人造成损害的公约》,是经由国际民航组织法律委员会第5次和第17次会议讨论,国际民航组织在罗马召开外交会议重新制定的一个新的条约文本,是为了取代1933年《罗马公约》而制定的。后来又根据各国对这个公约的意见,于

1978年9月在蒙特利尔制定了修订议定书,即《修订1952年在罗马签订的外国航空器对地(水)面第三人造成损害的公约的议定书》。该议定书主要在损害赔偿责任限额和航空保险方面做出了有益的改进与补充。但《罗马公约》系列条约文本的批准和加入国一直比较少,1978年的议定书至今尚未生效。

3) 对1929年《华沙公约》的修订。从1953年起,为了适应国际航空运输的迅猛发展,解决在承运人赔偿限额问题上存在的尖锐分歧,国际民航组织法律委员会将对1929年《华沙公约》的修订工作摆上重要议事日程。当时分歧的一方是美国,另一方是世界其他各国尤其是新兴第三世界国家。

1955年的《海牙议定书》是第二次世界大战后对《华沙公约》的第一个修订文件。该议定书在使《华沙公约》责任体制更加完善方面,做出了巨大贡献;但它把原《华沙公约》责任限额提高了一倍,美国对此很不满意。1971年《蒙特利尔公约》应运而生。这两个公约除犯罪定义不同外,其他规则基本相同。这两个公约不仅为航空刑法制定了一套相当完备的规则,而且对传统国际刑法若干禁域有了突破,形成了"或引渡或起诉"的独特体制,推动了国际刑法的发展。

1.4.2 国内民用航空法的发展

国内民用航空法是随着航空业的发展而发展的,我国航空业的发展经历了新中国成立前与新中国成立后两个阶段,而民用航空法的发展主要介绍新中国成立后的发展。

1. 我国民用航空的发展历程

(1) 1949年前的发展历程　1909年冯如研制试飞成功了第一架飞机;1910年在北京南苑也研制成功了一架飞机;1920年中国第一条民用航线——京沪航线京津段试飞成功;1928—1929年开通了上海—南京航线;1930年成立了中国航空公司;1931年成立了欧亚航空公司;1933年成立了西南航空公司;1936年开通了广州-河内的第一条国际航线。

(2) 1949年后的发展历程　1949年11月2日,中国人民革命军事委员会民用航空局成立。1980年3月后,中国民航脱离军队建制,实行政企分开,走企业化道路。至此,我国的民航逐步与国际民用航空进行接轨,参加了一系列的国际民航组织,购买了大量飞机,建立了数量庞大的航空机队(3154架飞机)和数量众多的航空公司(52家),目前已成为影响巨大的航空市场。同时,有人通用航空也得到了巨大的发展,截至2015年底有各类通航公司298家,飞机2127架。与此同时,我国的无人机产业快速发展,尤其是消费级无人机更是出口的主力,无人机企业、公司如雨后春笋般蓬勃发展,在开拓国外市场的同时,国内市场也在快速培育、快速发展。

2. 国内航空立法发展

为适应我国民用航空的发展,民用航空法律、法规的制定与发展大致可分为五个阶段:
第一阶段:探索阶段(1949—1959年)。

新中国建立之初，民用航空处于探索阶段，民航主要由军方领导，实行的是政企合一的管理模式。1950年颁布了《中华人民共和国飞行基本规则》《中国民航飞行条令》《民用航空通信规则》《民航电信工作制度》《中国民航通信条令》等法规规章。

第二阶段：萧条阶段（1960—1978年）。

20世纪六七十年代，民用航空的法律法规以及各项发展都处于萧条状态。这时期主要修改完成了《中国民航飞行条例》《中国民航飞行指挥工作细则（草案）》，编写完成了《外国民用航空器飞行管理规则》及草拟完成国内和国际客货运输规则等。

第三阶段：立法恢复阶段（1979—1989年）。

1978年以后，我国民航进行改革。改革的主要内容是自1980年3月15日起，民航局不再由空军代管，归属国务院。民航局作为国家民航事业的行政机构，统一管理全国民航的机构、人员和业务，逐步实行政企合一的企业化管理，主要是对现有法规规章进行修订，包括《通信业务规程》《通信导航设备运行、维修规程》《中国民用航空飞行规则》《中国民用航空空中交通管制规则》《中国民用航空飞行遣派细则》《中国民用航空专机工作细则》《中华人民共和国搜寻救援民用航空器规定》《中国民航通信导航雷达工作规则》和《中国民航无线电管理规定》等。

第四阶段：规范发展阶段（1990—2002年）。

1996年施行民航业基本法——《民用航空法》，1997年颁行《中国民用航空总局规章制定程序规定》和《中国民用航空总局职能部门规范性文件制定程序规定》，航空人员、机场、航空器等方面的规范和标准立法逐渐加强。《民用航空安全保卫条例》《民用航空器国籍登记条例》《民用航空器权利登记条例》和《飞行基本规则》等民航行政法规也相继实施。1997年开始对早期民航规章进行清理，修订20部、废止2部。这10年期间的民航立法初步形成了以《民用航空法》为龙头，由行政法规、民航规章以及其他民航规范性文件构成的民航法规体系的雏形，为民航管理有法可依、有章可循初步奠定了基础。

第五阶段：体系建构、完善阶段（2002年至今）。

2002年3月，国务院对中国民航再次重组。民航总局直属的航空公司和相关保障企业和人员移交给国资委管理。重组后变为六大集团公司：南方航空、东方航空、中国航空、中国民航信息集团公司、中国航空燃油集团公司、中国航空器材进出口集团公司。同时，中国民用航空立法开始向系统化、规范化发展。

2002年以来，民航实施全面深刻改革，开始启动第二次政企分离，实行机场属地化管理。为实现中国加入世贸组织时对有关航空运输服务的承诺，开始清理、修改和调整涉外民航经济立法和政策。依据新修订的三资企业法和相关规定，颁行《外商投资民用航空业规定》，取消民航行政审批项目64项、设定民航行政许可项目23项和非行政许可项目10项、设定行政许可项目44项。民航规章建设步伐加快，民航行政执法方面的立法成果显著，在修订《中国民用航空监察员规定》和《中国民用航行政处罚实施办法》的同时，起草完成九个行政执法规章制度，并编制《中国民用航空监察员行政执法手册》。

航空法今后的发展方向可以向服务、安全、节能、环保、高效率方面来规范，由于现在中国在私人飞机消费上也有很大市场，关于低空飞行器的驾驶资格认定法规和低空管理法规这一方面是一个趋势。目前航空业多出一项后起之秀——无人机。无人机从军用发展到民用的快速增长，需要对其飞行进行相应的规范。我国无人机各种法律法规的制定也经历了一个从无到有的过程。图 1-16 所示为有关无人机的相关规定。

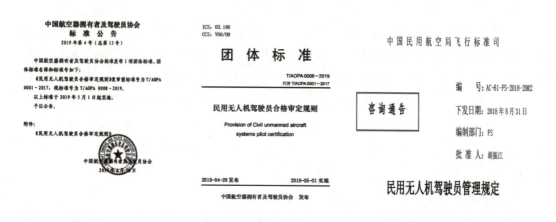

图 1-16 《民用无人机驾驶员合格审定规则》和《民用无人机驾驶员管理规定》

1.5 国内民用航空适航规章体系

适航规章体系是民用航空法规体系中的重要部分，各航空企业的日常运营都要涉及。本节简单介绍适航规章体系框架及主要规章的名称，以便读者对适航规章有一个大体的了解。截至目前，我国已初步形成了由 1 部法律（《民用航空法》）、27 部行政法规和行政法规性文件以及 115 部现行有效规章组成的多层次的民航法规体系框架。

1.5.1 法律

《中华人民共和国民用航空法》（《民用航空法》）全国人民代表大会常务委员会通过，由国家主席签署主席令发布。

1.5.2 行政法规

国务院通过，由总理以国务院令发布或授权中国民航局发布的民用航空行政法规。如《民用航空器适航管理条例》《民用机场管理条例》《中华人民共和国民用航空安全保卫条例》《中华人民共和国飞行基本规则》等。

1.5.3 民航规章

中国民航规章（China Civil Aviation Regulations，CCAR），也指中国民航规章体系。

目前，中国民航管理的航空公司和其他航空企业全部按照CCAR的要求来建立和健全各自的管理体系。CCAR共有上百部，根据不同的工作性质，各公司选用不同的内容进行规范和管理。民航局局长以民航局令发布的各类民用航空规章，如CCAR121部、CCAR145部等现行规章及规章性文件分类目录如下：

1. 行政规定

《中国民用航空总局职能部门规范性文件制定程序规定》（CCAR-12LR-R1）、《民用航空飞行标准委任代表和委任单位代表管理规定》（CCAR-183）。

2. 航空器

《运输类飞机适航标准》（CCAR-25-R3）。

3. 航空人员

《民用航空器驾驶员、飞行教员和地面教员合格审定规则》（CCAR-61）、《民用航空飞行签派员执照管理规则》（CCAR-65）、《民用航空器维修人员执照管理规则》（CCAR-66）、《中国民用航空人员医学标准和体检执照管理规则》（CCAR-67）、《航空安全员合格审定规则》（CCAR-69）。

4. 空中交通管理

《中国民用航空空中交通管理规则》（CCAR-93TM-R3）。

5. 一般运行规则

《一般运行和飞行规则》（CCAR-91）、《中国民用航空仪表着陆系统Ⅱ类运行规定》（CCAR-91FS-Ⅱ）、《航空器机场运行最低标准的制定与实施规定》（CCAR-97FS）。

6. 运行合格审定

《大型飞机公共航空运输承运人运行合格审定规则》（CCAR-121）、《小型航空器商业运输运营人运行合格审定规则》（CCAR-135）、《中国民用航空危险品运输管理规定》（CCAR-276）。

7. 学校及经审定合格的其他部门

《民用航空器维修培训机构合格审定规定》（CCAR-147）。

8. 机场

《民用机场运行安全管理规定》（CCAR-140）。

9. 经济与市场管理

《中国民用航空国内航线经营许可规定》（CCAR-289TR-R1）。

10. 航空安全信息与事故调查

《民用航空安全信息管理规定》(CCAR-396)、《民用航空器事故和飞行事故征候调查规定》(CCAR-395-R1)。

11. 航空安全保卫

《公共航空旅客运输飞行中安全保卫规则》(CCAR-332)。

12. 其他规章介绍

《中国民用航空总局规章制定程序规定》(CCAR-11LR－R2)、《中国民用航空总局职能部门规范性文件制定程序规定》(CCAR-12LR-R1)、《中国民用航空监察员规定》(CCAR-18R2)。

规范性文件不属于法律范畴，CCAR-12 中有描述。规范性文件包括咨询通告、管理程序、管理文件、工作手册、信息通告。

习题

1. 什么是民用航空法？
2. 民用航空法的特性有哪些？
3. 民用航空法调整的对象有哪些？
4. 民用航空法的组成有哪些？
5. 简述民用航空法的发展阶段。

第 2 章 空气空间法

导读

航空法的基础是空气空间法。领空是领陆和领水之上的空气空间,是国家领土的组成部分。本章将介绍航行自由、航行权利的概念、领空主权原则,航行限制及空域管理的一般法律制度。

教学目标

通过本章的学习,知道空气空间的法律地位,重点掌握以下知识点:

空域的定义、空间领空的分类及空气空间的法律地位;领空的定义、范围及领空主权的法律属性;航行自由的定义、分类,航行权利的分类等内容;领空主权的保护与限制;空域管理的原则、依据和内容等知识。

2.1 空气空间的法律地位

空气空间通俗地讲就是各国从事航空活动的地方,是指地球表面上空大气层以内,不包括外层空间的空间,是各国从事航空活动的区域。空气空间从横向上可以划分为两个部分:一部分是各国领土之上的空气空间,即国家领空,是国家主权支配下的空间;另一部分是国家领土之外的空气空间,它是各国自由进行航行活动的空间,也称公空。

国家领空是国家的领陆和领水之上的空气空间,是国家领土的组成部分,国家对它有完全的排他的主权,包括国家对领空资源排他的占有、使用、处分权和对领空及其内的人、物、事的管辖权,体现在以下几个方面:领空资源的开发利用;制定航空法律规章;保留国内载运权;设立空中禁区等。领空以外的空气空间是指公海、南极和各国专属经济区之上的空气空间,法律地位上它不属于任何国家的管辖范围,各国有自由飞行权,但要遵守有关的国际法律法规。

空气空间法又称国际航空法,是调整国家之间利用空气空间进行民用航空活动所产生的各种关系的法律规则的总称。

空气空间法用于调整民用航空活动领域所产生的社会关系,体现民用性;空气空间法是平时法,而非战时法,并不规定战争或武装冲突各方之间的权利和义务。《国际民用航空公约》明确规定:"本公约仅适用于民用航空器,不适用国家航空器""用于军事、海关和警察部门的航空器,应认为是国家航空器""如遇战争,本公约的规定不妨碍受战争影响的任一缔约国的行动自由,无论其为交战国或为中立国。如遇任何缔约国宣布其处于紧急状态,并将此事通知理事会,上述原则同样适用。"

2.1.1 空域

空域是航空器运行的活动场所,也称空气空间,是地球表面被大气层笼罩的空间,是隶属于国家主权的国家领陆和领水之上的空气空间。

国家领土包括领陆、领水、领空和底土。领水包括内水和领海。航空器在空气空间的运行活动，即是我们所说的空中航行。

空域是一个"范围"，其横向——国家之间的领空范围的确定方法，是以地球中心为顶点，由与国家在地球表面上的领陆和领水的边界线相垂直的直线所包围的圆锥形立体空间；空域的纵向——高度尚未确定，即空气空间与外层空间的界线没有确定。

2.1.2 空间领空的分类

空间领空根据航空器的活动领域可分为空气空间和外层空间两类，空气空间根据主权性质可分为领空和公空，如图 2-1 所示。

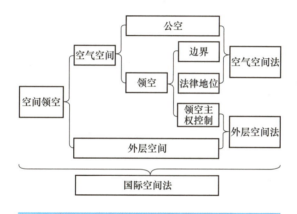

图 2-1 空间领空的分类

公空是航空器活动的公共空间。公空内各国享有同样的航行权，不属于任何国家管辖，但要遵守国际航空公约飞行。领空则是国家领土的组成部分，国家拥有完全的排他的主权，包括国家对领空资源排他的占有、使用、处分的权利及对其内的人、物、事的管辖权利，体现在以下几个方面：领空资源的开发利用；制定航空法律规章；保留国内载运权；设立空中禁区等。

外层空间是空气空间以外的整个空间，是任何国家不能主张权利的空间。外层空间的两个原则：一是外层空间供各国自由探索和使用；二是外层空间不得为任何国家所占有。调整各国在外层空间活动的法律关系的法律，称为外层空间法。

2.2 领空

2.2.1 领空的概念

领空是指处在一个国家主权支配之下，在国家疆界之内的陆地和水域之上的空气空间。领空属于领土的一部分。领土是指国家行使主权的空间，包括领陆、领水（内水和领海）

和领空,以及领陆和领水的底土,都是一个国家的领土,如图 2-2 所示。

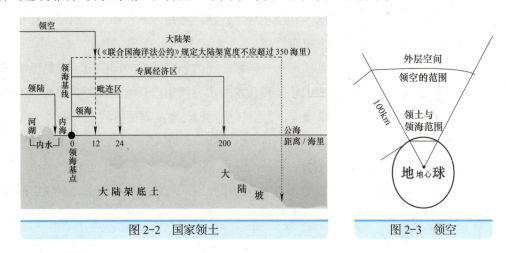

图 2-2　国家领土　　　　图 2-3　领空

2.2.2　领空的范围

领空的范围是指以地球中心为顶点,由与国家在地球表面上的领陆和领水的边界线相垂直的直线所包围的圆锥形立体空间。所以,它不仅包括平面边界,还包括垂直边界,如图 2-3 所示。

在国际法中,一国疆界之内的陆地称为领陆;疆界之内的水域称为领水(又分为内海和领海),领陆、领水和领空,以及领陆和领水的底土,组成一个国家的领土,是国家行使主权的空间。图 2-4 所示为领水。

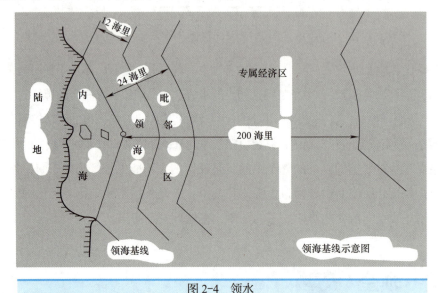

图 2-4　领水

1. 领空的平面边界

领空的平面边界是领陆、领海、专属经济区在地球上的边界。地球表面通常划分为:国家领陆、国家领海、专属经济区以及不属于任何国家的领土和公海。此外,还包括用于国际航行的海峡。

国家领土包括陆地及与之相邻的领海，其边界以地面界线确定，国际条约也确认了这一普遍认可的规则。然而，领海的宽度却未能在国际上形成统一的规则，当前绝大部分国家坚持12海里领海或窄一些的领海为领海界线。实践中有一些国家以单方行为拓展领海边界，如南美洲及非洲的一些国家建立了200海里的领海，并形成了对拓展水域的实际控制，其上的领空也随之受其控制。对于领海，有一条众所周知的习惯国际法规则，即外国船舶有"无害通过权"，但在领海上空的空气空间就没有这条规则，国家对其实行的是"完全的"和"排他的"主权。

专属经济区以及不属于任何国家的领土和公海上空的空气空间，是各国领空以外的空气空间，这个空间不是任何国家的管辖范围，所有国家都有自由航行的权利。但是这种自由飞行要遵守国际航空法，并且受海洋法或者其他国际法律制度的限制。

2. 领空的垂直边界

领空的垂直边界，即空气空间的上限或外层空间的下限。空气空间是航空器的运行场所。外层空间也称"太空"或"宇宙空间"，是航天器的活动领域。国家对其领土上空享有主权，但其高度范围只能基于领土之上的空气空间，具体高度没有界定。

1919年《巴黎公约》只承认每一国家对其领土上空空域具有完全的、排他的主权，并未对其垂直范围或高度做出规定。1944年《芝加哥公约》也没有对此问题做出规定。

随着空间科技的飞速发展，人类的空中活动已穿越空气空间，开始探索和利用外层空间。1957年苏联发射了第一颗人造地球卫星之后，产生了卫星运行的空域是否属于地面国主权管辖范围的问题，即人造地球卫星日夜绕着地球旋转，跨越无数国家的上空，是否构成侵犯领空主权的行为？人造地球卫星是在外层空间活动的，外层空间是不是也像空气空间一样受地面国的主权管辖？随着外空活动的迅猛发展，联合国大会在1961年12月20日通过了第1721号决议，决议中明确肯定："人造地球卫星运行的空域是属于各国自由探索和利用的外层空间"。事实也表明，国家的领空主权只能达到一定的高度，超过了一定的高度，其主权不能行使。也就是说，国家主权只能基于领土之上的空气空间，而不能到达外层空间。因此，空气空间和外层空间是两个性质不同的空间领域，受不同法律调整，具有完全不同的法律地位。空气空间是由地面主权国支配的空域，是地面主权国的领空，根据航空法（Air Law）实行领空主权制度；外层空间是空气空间以外的整个空间，不属于国家领土主权范围，根据空间法（Space Law）实行自由探索，不受任何国家主权管辖，不得为任何国家占有的制度。

2.2.3 领空主权的法律属性

1. 领空主权

领空主权是指每一国家对其领土之上的空气空间享有完全的和排他的主权，是国家领土不可分割的部分。1944年芝加哥《国际民用航空公约》，是民用航空的宪章性文件。该公约承认了领空主权原则，并且强调领空主权是每一国家都享有的，无论是对缔约国还是非缔约国，都具有普遍的法律约束力，而且每一国家享有的领空主权是"完全的"和"排他的"。领空主权包括国家对领空资源的排他的占有、使用、处分权和对领空及其内的人、物、事的管辖权。国家对其领空实施完全的管辖和控制，有权禁止或允许外国飞行器通过或降落。可见，领空是国家进行空中航行和运输以及保卫国家领土主权与国家安全的重要领域。

2. 领空主权的法律属性

领空主权的法律属性主要表现在以下四个方面：

（1）国家对其领空享有所有权　国家有权规定准许外国飞机飞入其领空的条件，外国飞机未经许可擅自飞入一国领空，是对该国领空主权的侵犯，对非法入境的军用飞机，该国有权对其采取措施，甚至有权将它击落。

（2）国家对其领空享有管理权　各国有权制定有关外国航空器在境内飞行的规章制度，可指定外国航空器停降的设关机场，规定航空器内发报机的使用。未经许可，外国航空器不得载运军火或武器，禁止或管制在其领土上空飞行的航空器内使用照相机。一般认为，在外国领空进行照相侦察是违法的。

（3）国家对其领空享有管辖权　各国保留国内载运权。各国有权拒绝外国的航空器为了取酬或出租在本国境内载运旅客、邮件和货物。

（4）国家对其领空享有自保权　各国有权设立空中禁区。国家为了安全和军事的需要，有权设立空中禁区，一律限制或禁止其他国家的航空器在其空中禁区飞行。

2.2.4　航行自由

航行自由是指民用有人航空器在空气空间中，在遵循国际航空法的基础上，作为航空活动主体的国家或者航空公司享有的航行通过的权利。

航行自由（Freedoms of the Air）或权利（Air Freedoms Rights）根据经营权利可以划分为航空飞越权、技术经停权、目的地下客权、目的地上客权、至第三国运输权、桥梁权、基地权或完全第三国运输权和国内载运权等几种。

2.2.5　领空主权的保护

领空主权的保护是指领空一旦受到侵犯，就相当于国家的主权受到了侵犯，这个时候可以采取任何措施来保证自己国家的主权不受侵害。1944年《国际民用航空公约》规定："缔约国承认每一国家对其领土之上的空气空间享有完全的和排他的主权"。领空主权原则强调各国对其领空享有主权的完整性，决定了一国领空主权不容侵犯。当一个国家的领空主权受到侵犯时，主权的排他性，是采取一切必要措施保护主权的最基本的法律根据。相当于一个人的生存权受到侵害时，可以采取一切措施来避免受到伤害。

为了保护领土主权和国家安全，主权国家有权根据具体情节对于落入其领空的航空器自由使用适当的措施，如抗议、警告、迫降甚至击落等，以保护他们的领空并阻止其侵犯行为。但完全排他的主权，意味着一国对进入、飞经或使用本国领空的外国航空器有单方面任意处理的最高权，在实践中往往易导致不可预知事故的发生。例如1983年8月31日韩国KE007航班偏航进入苏联境内被击落事件（图2-5），就是民航史上空前的悲惨事件，该事件导致269人遇难。为了防止类似事件的发生，1984年5月10日，国际民航组织召开了第25届大会，通过了对1944年《国际民用航空公约》增设第三分条的修正案。

图2-5　1983年8月31日韩国KE007航班偏航进入苏联被击落

通过这一事件，各国纷纷意识到领空主权的排他性要分具体情况。侵入本国领空的航空器既有平时和战时之分，又有民用航空器与国家航空器，特别是军用航空器之别。因此国家对入侵航空器行使主权，采取一切必要措施，应当既符合国际法的规定，又符合采取的措施是必要的条件。

2.2.6　领空主权的限制

领空主权的限制是指国家在行使其对领土上的空气空间所拥有的"完全的和排他的主权"时，不是绝对的，而是相对的，是受习惯国际法规则限制的。

领空主权虽然是绝对的，由其衍生出来的权利，即使是排他的，也要受到某些限制。事实上，习惯国际法的某些规则对领空主权的限制，也一直贯穿于航空立法和实践中，主要表现在以下几个方面。

1）航空刑法方面，1963年的《东京公约》规定了航空器登记国的管辖权，即一国对在本国登记的飞机上发生的犯罪行为有管辖权，即使该飞机当时正飞行在别国领空。虽然对于飞经国而言，其对领土上空的空气空间具有"完全的和排他的主权"，但登记国管辖权对它也构成一种限制。从这个意义上说，飞经国的领空主权既不"完全"也不"排他"。

2）习惯国际法中，人的生命权构成了对国家领空主权的制约，即国家不能滥用其领空主权。

3）国际法中的国家航空器的豁免权，也构成了国家对领空主权的制约。例如对于外国国家元首、政府首脑和执行特别使命的高级官员乘坐的专机，享有特权和豁免权。

4）航空器群岛海道的通过权以及飞越用于国际航行的海峡的过境通行权也构成了对领空主权的限制。

由此可见，国家在行使其对领土上的空气空间所拥有的"完全的和排他的主权"时，还是受到习惯国际法规则的限制的。

2.3 空域管理

空域管理是指根据国家颁布的相关法律、法规，为维护国家安全，兼顾民用、军用航空的需要和公众利益，统一规划，合理、充分、有效地利用空域的管理工作。空域由国家进行统一管理。

2.3.1 空域管理的必要性

空域如同国家的领土、海洋一样，是国家的重要资源。航空器的各种活动都离不开空域。民用航空运输、科学试验飞行、军队训练飞行、国土防空作战等活动都需要一定的空域。空域是一种可以反复无限使用、不可再生的自然资源，国家的领空就是该国家的空域资源。我国管辖着 1080 万 km^2 的天空面积，空域资源是很丰富的，民用航空飞行的航线和区域遍布全国。为了在广阔的空间对飞行的飞机提供及时、有效的管制服务、飞行情报服务和告警服务，防止飞机空中相撞和与地面障碍物相撞，保证飞行安全，促使空中交通有秩序地运行，必须进行空域管理。

2.3.2 空域管理的原则

按照国际民航组织有关要求，空域管理的原则是主权性原则、安全性原则、经济性原则。

1）主权性原则主要是指空域管理代表各国主权，不容侵犯，具有排他性。

2）安全性原则主要是指在有效的空域管理体系下，确保航空器空中飞行安全，具有绝对性。

3）经济性原则主要是指在确保飞行安全性的基础上，对空域实施科学管理，保证航空器沿着最佳路线飞行，在最短时间内完成飞行活动，具有效益性。

为了合理、充分、有效地利用空域，我国对空域实行统一管理。目前我国空域是兼顾民用航空和国防安全的需要，同时考虑公众的利益进行统一规划的。

2.3.3 空域管理的内容

空域管理的内容主要包含空域的划分和空域的规划两个方面。

（1）空域的划分　空域的划分是指根据需要对飞行器的飞行空间进行合理的划分，以提高空域的利用率。空域的划分包括飞行高度层规定和各种空中交通服务区域的划分。规定不同的飞行高度层是为了防止飞机在飞行中相撞；空中交通服务区域的划分是为了便于进行交通管理。无人机的空域划分在后面章节单独介绍。

空域的划分是按照统一管制和分区负责相结合的原则，将全国空域划分为若干飞行情报区和飞行管制区，并为在上述区域内的民用航空飞行提供空中交通服务。为了对民用航空飞行实施有效的管制，要求飞机沿规划的路线在规定的区域内飞行。

空域的划分应当考虑国家安全、飞行需要、飞行管制能力和通信、导航、雷达设施建设以及机场分布、环境保护等因素。空域通常划分为机场飞行空域、航路、航线、空中禁飞区、空中限制区和空中危险区等。根据空域管理和飞行任务需要，可以划设空中走廊、空中放油区和临时飞行空域。

（2）空域的规划　空域的规划包括航路规划、进离场方法和飞行程序的制订三个方面的内容。

民用航空空域规划是指通过对未来空中交通量需求的预测，根据空中交通流的流向、大小与分布，对某一给定空域的区域范围、航路/航线的布局、位置点、高度、飞行方向、通信/导航/监视设施类型和布局等进行设计和规划，并加以实施和修正的全过程。

民用航空空域规划的目的是增大空中交通容量，理顺空中交通流量，有效地利用空域资源，减轻空中交通管制员工作负荷，提高飞行安全水平。

2.3.4 特殊空域

特殊空域是指国家为了政治、军事或科学试验的需要，经国务院、中央军委批准划设的空域。一般情况下，民用航空器被限制甚至禁止在此空域内运行。特殊空域分为禁航区、限制区、危险区（也称为禁航空域、限制空域、危险空域）和航空识别区。通常在大的管制空域内都划设有一定的特殊空域。民用航空器在特殊空域内运行时应注意防止发生冲突。

2.3.5 空域管理的依据

空域管理的依据是《中华人民共和国民用航空法》《中华人民共和国飞行基本规则》《通用航空飞行管制条例》《低空空域管理使用规定》和《民用无人机空中交通管理办法》等。

2.3.6 空中交通管制

空中交通管制是指依据相关法律与法规和空中飞行管理规定对航空器在空中的活动进行管理和控制，内容包括空中交通管制业务、飞行情报和告警业务。空中交通管制常采用程序管制与雷达管制两种方法。其目的在于防止飞机与空中飞机和地面障碍物相撞，并有效地利用空域，安全地进行空中交通运输。

空中交通管制的任务是维护空中秩序，确保飞行安全，防止航空器相撞，防止机场及其附近空域内的航空器与障碍物相撞；保障空中交通畅通，保证飞行安全和提高飞行效率。空中交通管制服务的主体是具备空中交通管制服务资格并提供空中交通管制服务的单位和人员，服务的单位有机场塔台空中交通管制室、空中交通服务报告室、进近管制室、区域管制室、民航地区管理局调度室和民航总局空中交通管理局总调度室，服务人员有空中交通管制员、空中航行调度员、飞行签派员和航行情报员。

习题

1. 空域的定义是什么？
2. 空间领空是如何分类的？
3. 什么是领空？
4. 领空的范围有哪些？
5. 什么是领空主权？
6. 领空主权的法律属性有哪些？
7. 领空主权的保护与限制指什么？
8. 空域管理的依据是什么？
9. 空域管理的内容有哪些？
10. 空域管理的原则有哪些？

第3章 民航管理法规与制度

导读

航空器是指以空气的反作用力为支撑的任何器械。根据需要和用途不同，航空器可分为国家航空器、民用航空器、通用航空器和无人航空器。航空器的国籍是指航空器与登记国相联系的法律纽带，登记国据此对具有其国籍的航空器享有权利和承担义务，并予以保护和施行管理。适航管理是指航空器适航主管机关依照法律规定，对航空器从设计、定型开始，到生产、使用直至停止使用的全过程施行监督，以保证航空器的安全为目标的技术管理和科学管理。民用航空人员是指从事民用航空活动的空勤人员和地面人员。从业人员需要接受专门训练，考核合格，并取得国务院民用航空主管部门颁发的执照，方可担任其执照载明的工作。

教学目标

通过本章学习，掌握航空器、民用航空器、国家航空器的定义和法律地位；理解航空器国籍登记管理的定义、内容、法律地位；了解航空器权利登记的内容与种类；机场管理规章；通用航空管理规章与制度及相关的民航刑法与安保法规等内容。

随着通用航空的发展，航空器逐步从军事应用领域运用到抢险救灾、新闻报道、庆典礼仪、观光拍摄、勘察测绘等民用领域。目前民用航空市场越来越大，航空器在客货运输、农林植保、矿产勘探、摄像摄影、电力巡检、石油管线巡视、交通巡视、森林火情监控等方面的应用也越来越广泛。但在应用的过程中，违反法律法规、危害公共安全和人身安全的事件经常发生，使得规范航空器的管理、运行人员管理、机场运营管理工作十分必要，只有制定相应的处罚规则才能更好地保证人员和飞行安全。

3.1 民用航空器管理

航空器管理是指民用航空器管理部门从航空器的定义、航空器的国籍登记、航空器的权利登记、航空器的适航等方面所进行的管理。

3.1.1 航空器概述

"航空器是指以空气的反作用力为支撑的任何器械"（1919年《巴黎公约》的附件A）。它包括重于空气的飞机、飞船、滑翔机、直升机，也包含轻于空气的氢气球，其关键在于该器械有无升力。航空器根据需要和用途不同，可分为国家航空器、民用航空器、通用航空器和无人航空器。

1. 国家航空器

国家航空器是指用于军队、海关和警察部门的航空器，如战斗机、歼击机、轰炸机、军用运输机、军用加油机、预警机、电子战飞机、警用巡逻救援机等。一国的国家航空器未经特别协定或其他方式的许可，不得在其他国家的领空飞行或领土上降落。国际法中的国家航空器专指悬挂或喷涂有某国国旗标志的航空器。在国际法中，国家航空器被视为一国领土的延伸部分。图3-1所示为国家航空器——运20飞机。

国际公约规定："一个缔约国的国家航空器，未经特别协定或其他方式的许可并遵照其中的规定，不得在另一缔约国领土上空飞行或在此领土上降落。"

2. 民用航空器

民用航空器是指除用于执行军事、海关、警察飞行任务以外的航空器。

民用航空器具有如下特征：在一国的民用航空当局注册登记；从事运送旅客、行李、货物和邮件等公共航空运输任务。图3-2所示为民航航空器——顺丰航空的快递飞机。

图3-1 国家航空器——运20飞机　　图3-2 民用航空器——顺丰航空的快递飞机

民用航空器在运行过程中必须遵守飞入国的法律和规章；必须按规定在设关机场降停，接受海关和其他检查，遵守关于入境、放行、移民、护照、海关及检疫规章等；缔约各国的有关当局有权对其他缔约国的航空器在降停或飞离时进行检查，并查验《巴黎公约》规定的证件和其他文件，但应避免不合理的延误。每一国家在行使其主权时，对未经允许而飞越其领土的民用航空器，有权要求该航空器在指定的机场降落；该国也可以给该航空器任何其他指令，以终止此类侵犯。

3. 通用航空器

通用航空器是指从事通用航空活动的飞行器。

通用航空是指使用民用航空器从事非商业运营运输的民用航空活动，包括从事工业、农业、林业、渔业和建筑业的作业飞行以及医疗卫生、抢险救灾、气象探测、海洋监测、科学实验、教育训练、文化体育等方面的航空活动。图3-3所示为农药喷洒和航空医疗。

图 3-3　农药喷洒和航空医疗

通用航空已全面推进通信指挥和对空监视设施建设,逐步形成了政府监管、行业指导、市场化运作、全国一体化的低空空域管理运行和服务保障体系。

4. 无人机

无人机(Unmanned Aircraft,UA)是指由动力驱动、不搭载操作人员的一种空中飞行器。它依靠空气动力为飞行器提供升力,能够自主或遥控飞行,能携带多种任务设备,执行多种任务,可一次性或多次重复使用,是由控制站管理(包括远程操纵或自主飞行)的无人驾驶航空器,也称远程驾驶航空器(Remotely Piloted Aircraft,RPA)。无人机系统组成如图 3-4 所示。

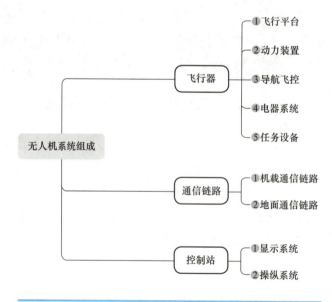

图 3-4　无人机系统组成

民用无人机飞行活动必须遵守本国的法律和规章;必须在申请空域内运行,并接受空管部门管理和服务,遵守无人机运行的规章。运营人在运行无人机时,在批准空域内有自由飞行的权力;对未经允许而飞入管制空域的无人机,管理部门有权勒令运营人离开该区域;有权迫降、捕捉该无人机,制止其违规飞行行为。

3.1.2 航空器的国籍与登记

航空器的国籍与登记是航空器身份的象征，是航空器权利的具体体现，是国家对其实行外交保护的法律依据。

1．航空器国籍

国籍是指一个人同某一特定国家固定的法律联系，也是国家实行外交保护权利的法律依据。在现代社会中，国籍的概念已经从自然人扩大到法人、船舶、航空器以及一般财产。

航空器国籍是指航空器与登记国相联系的法律纽带。登记国据此对具有其国籍的航空器享有权利和承担义务，是对航空器予以保护和施行管理的依据。

航空器国籍不具有自然人国籍的类似法律效力，也不能因航空器具有其登记国的国籍，就认定或拟制航空器是其登记国领土的一部分。

2．航空器国籍登记的内容

我国航空器国籍登记的内容主要有：
1）民用航空器国籍标志和登记标志；
2）民用航空器制造人名称；
3）民用航空器型号；
4）民用航空器出厂序号；
5）民用航空器所有人名称及其地址；
6）民用航空器占有人名称及其地址；
7）民用航空器登记日期；
8）民用航空器国籍登记证书签发人姓名。

3．民用航空器登记管理的原则

航空国籍登记管理是指通过对航空器国籍的登记，实现对具有其国籍的航空器给予保护和施行的管理。

民用航空器国籍登记管理必须遵守所有权登记原则、只许有一个国籍的原则、联合经营的原则。

（1）所有权登记　所有权登记是指民用航空器在哪里登记与它归属于哪个国家的管理。登记制度是各国民商法中普遍采用的一种确定财产所有权的规则，即对不动产和价值重大的动产（例如轮船、飞机、汽车等），必须向国家有关当局注册登记，目的证明你拥有这些财产。

（2）只许有一个国籍　只许有一个国籍是指航空器只能在一个国家进行登记，只能拥有一个国籍。只有一个国籍的好处是从根本上杜绝了无人管辖、双重或多重管辖的混乱。

这种登记制度存在的问题是当各国航空企业之间互换飞机、租机与包机时，就会使国籍登记国与经营人所属国相分离，由此引起一系列复杂的法律问题。

1961年夏，英国某航空公司租用一架不带机组的飞机，在从美国飞往法国诺曼底的途中，在机上的外国旅客间发生犯罪行为。当英国法院受理此案时才发现，该飞机的经营人和机组人员虽都是英国人，而飞机本身却是在黎巴嫩登记的，具有黎巴嫩国籍。按英国法律，英国法院无权管辖，需将案件移交给黎巴嫩法院。这需要将案件的全部证据、资料及证人转移到黎巴嫩，而按双边司法协助条款，手续繁杂又耗时费钱。因黎巴嫩与此案毫无牵连，该国法院没有兴趣受理，使此案成为了一大负担，结果此事不了了之。

（3）联合经营　联合经营就是几个国家或者组织共同经营一个航空器。这种经常发生在航空关系比较密切的国家之间。

《芝加哥公约》第七十七条规定："本公约不妨碍两个或两个以上缔约国组成航空运输的联营组织或国际性经营机构，以及在任何航线或地区合营航班"；理事会应决定本公约关于航空器国籍的规定以何种方式适用于国际经营机构所用的航空器。

4．航空器国籍登记的权利和义务

国籍制度最早是用来识别某一自然人的一种法律上的身份。它是指一个人作为某一国家的国民或公民而隶属于该国。这种关系意味着个人效忠国家和国家保护个人的义务。

航空器的国籍制度并不是说在哪一国登记，这个航空器就属于这个国家。航空器国籍登记的意义在于航空器的国籍，是航空器与登记国（国籍国）相联系的"法律纽带"。航空器登记国据此对具有其国籍的航空器享有权利和承担义务，对国籍登记的航空器予以保护和实行管理。

《中华人民共和国民用航空法》第六条规定：经中华人民共和国国务院民用航空主管部门依法进行国籍登记的民用航空器，具有中华人民共和国国籍，由国务院民用航空主管部门发给国籍登记证书。

（1）航空器国籍登记的权利　1998年6月10日中国民用航空总局第76号令颁布的《民用航空器国籍登记规定》（以下简称《规定》）第六条规定：民用航空器依法登记后，取得中华人民共和国国籍，受中华人民共和国法律管辖和保护。中华人民共和国法律对登记在我国的航空器有管辖权、保护权和管理权，同时要承担相应的发证义务、管辖义务、保证义务、提供资料义务、禁止义务。

1）对航空器的管辖权。航空器登记国对在域外的本国航空器在一定条件下有管辖权，体现在：

① 航空器登记国的有关法律，在航空器所在地国的法律或者航空器登记国缔结或参加的国际条约没有另外规定时，亦适用于在域外的本国航空器；

② 当航空器在飞行中，在公海海面上或者在不属于任何国家领土的地区的地（水）面上时，该航空器内所产生的法律关系，由航空器登记国的法律调整。

③ 当航空器在飞行中，在公海海面上或者在不属于任何国家领土的地区的地（水）面上时，该航空器的登记国对在其内发生的犯罪和其他某些行为有管辖权，但不排除该航

空器飞经国依据该国法律行使刑事管辖权。

有些国家的国内法规定了较宽的域外刑事管辖权，自然会与领土国的属地管辖权相冲突。这种冲突需要通过适当途径解决。

2）对航空器的保护权。保护权主要体现在航空器登记国有权保护在域外的本国航空器。

① 当航空器在国外遇险时，在该航空器遇险所在地当局的管制下，航空器登记国当局有权采取情况所需的援助措施。

② 当航空器在外国发生事故时，航空器登记国有权指派观察员在调查时到场，并有权要求和接受主持调查的国家提供此事的报告及调查结果。

③ 航空器登记国的领事官员根据双边领事条约的规定，在领区内有权对停留在接受国的机场或在空中飞行的本国航空器提供一切必要的协助，可以同本国机长和机组成员进行联系，并可请求接受国主管当局提供协助。

航空器登记国领事官员有权在领区内就本国航空器采取下列措施：

在不损害接受国主管当局权利的情况下，对本国航空器在飞行中和在机场停留时发生的任何事件进行调查，对机长和任何机组成员进行询问，检查航空器证书，接受关于航空器飞行和目的地的报告，并为航空器降落、飞行和在机场停留提供必要的协助。如登记国法律有规定，则在不损害接受国当局权利的情况下解决机长和任何机组成员发生的各种争端，对机长和任何机组成员的住院治疗和遣送回国采取措施，接受、出具或证明本国法律就航空器规定的任何报告或其他证件。

当接受国法院或其主管当局对航空器或其机长或任何机组成员采取任何强制措施或进行正式调查时，航空器登记国的有关领事官员可以事先得到通知，以便本人或派代表到场。如情况紧急事先未得到通知，可以在接受国采取上述行动后立即得到通知，并可请求接受国提供所采取行动的一切有关资料。

当航空器机长、航空器经营人及其代理人或有关的保险机构都不能对发生事故的航空器的物品采取保护或处置措施时，航空器登记国的领事官员有权代表他们为此采取相应措施。

3）对航空器的管理权。管理权是指在本国登记的航空器，国籍登记国对其拥有发证、保护、控制等权利。航空器登记国有权对从事国际航行的本国航空器加强管理，予以控制。管理权主要体现在以下方面。

从事国际航行的每一航空器应载有其登记国的国籍标志和登记标志。

从事国际航行的每一航空器应携带其登记国发给或核准的下列证件：航空器登记证、航空器适航证、航空器驾驶员及飞行组其他成员的执照和航空器无线电台许可证。

航空器登记国发给或核准的适航证和执照书及执照，只要发给或核准此项证书或执照的要求，等于或高于根据《国际民用航空公约》随时制定的最低标准，其他国家应承认其有效。航空器登记国可以通过国内法的规定，加强对在该国登记的航空器的管理和控制。

例如，对航空器维修和放行，不论是在境内还是境外，须由航空器登记国主管当局颁发执照或证书的合格人员施行。有的国家（例如美国）规定：租给外国经营人使用的航空器，必须每月两次飞回航空器登记国。

（2）登记国的义务　　登记国的义务主要有发证义务、管辖义务、保证义务、提供资料义务和禁止义务五项。

航空器登记国的发证义务是指其为航空器发放或核准适航证和执照书及执照等义务，发证要求不得低于国际最低标准。

管辖义务是指航空器登记国对在其航空器内发生的犯罪和其他某些行为，应采取必要措施，以确立其作为登记国的管辖权。

保证义务是指航空器登记国应采取措施，以保证每一具有其国籍标志的航空器，不论在何地，都遵守当地关于航空器飞行和运转的现行规则和规章，尤其是遵守拦截指令，并承允对违反适用规章的一切人员起诉，予以严厉惩罚。

提供资料义务是指航空器登记国应将在该国登记的某一航空器的登记及所有权的情况提供给其他国家或国际民用航空组织，并应按照国际民用航空组织的规章，向该组织提交可提供的有关在该国登记的经常从事国际航行的航空器所有权和控制权的有关资料。

禁止义务是指航空器登记国应采取适当措施，禁止将在该国登记的任何民用航空器肆意用于与《国际民用航空公约》宗旨不相符合的目的。

5. 国籍登记的条件

民用航空器国籍登记的条件一般由航空器登记国的国内法确定。我国民用航空法采用应当登记法进行登记。

《中华人民共和国民用航空法》第七条规定，下列民用航空器应当进行中华人民共和国国籍登记：

1）中华人民共和国国家机构的民用航空器。

2）依照中华人民共和国法律设立的企业法人的民用航空器；企业法人的注册资本中有外商出资的，其机构设置、人员组成和中方投资人的出资比例，应当符合行政法规的规定。

3）国务院民用航空主管部门准予登记的其他民用航空器。自境外租赁的民用航空器，承租人符合前款规定，该民用航空器的机组人员由承租人配备的，可以申请登记中华人民共和国国籍，但是必须先予注销该民用航空器原国籍登记。

《中华人民共和国民用航空器国籍登记条例》第二条第二款规定：依照中华人民共和国法律设立的企业法人的民用航空器，企业法人的注册资本中有外商出资的，外商在该企业法人的注册资本或实收资本中所占比例不超过35%，其代表在董事会股东大会（股东会）的表决权不超过35%，该企业法人的董事长由中国公民担任。

4）《民用航空器国籍登记规定》（以下简称本规定）第五条对此做了进一步的规定，下列民用航空器应当依照本规定进行国籍登记：

中华人民共和国国家机构的民用航空器；依照中华人民共和国法律设立的企业法人的民用航空器，企业法人的注册资本中有外商出资的，外商在该企业法人的注册资本或者实收资本中所占比例不超过35%，其代表在董事会、股东大会（股东会）的表决权不超过35%，该企业法人的董事长由中国公民担任；在中华人民共和国境内有住所或者主要营业场所的中国公民的民用航空器；依照中华人民共和国法律设立的事业法人的民用航空器；民航总局准入登记的其他民用航空器。自境外租赁的民用航空器，承租人符合前款规定，该民用航空器的机组人员由承租人配备的，可以申请登记中华人民共和国国籍；但是，必须先予注销该民用航空器原国籍登记。

6．国籍登记的分类

《中华人民共和国民用航空法》规定，国务院民用航空主管部门设立中华人民共和国民用航空器国籍登记簿，统一记载民用航空器的国籍登记事项。

航空器国籍登记分为一般登记、变更登记、注销登记和临时登记四类。

（1）一般登记　一般登记是指对合法取得的航空器在所在国的国籍登记机关进行的国籍登记。

国籍登记申请人应该如实填写民用航空器国籍登记申请书，并向国务院民用航空主管部门提交：证明申请人合法身份的文件；作为取得民用航空器所有权证明的购买合同和交接文书，或者作为占有民用航空器证明的租赁合同和交接文书；未在外国登记国籍或者已注销外国国籍的证明；国务院民用航空主管部门要求提交的其他有关文件。

国籍登记机关国务院民用航空主管部门应当自收到民用航空器国籍登记申请之日起7个工作日内，对申请书及有关证明文件进行审查。经审查，符合本规定的，应当向申请人颁发中华人民共和国民用航空器国籍登记证书。

民航总局在民用航空器国籍登记簿中应当载明：民用航空器国籍标志和登记标志；民用航空器制造人名称；民用航空器型号；民用航空器出厂序号；民用航空器所有人名称及其地址；民用航空器占有人名称及其地址；民用航空器登记日期；民用航空器国籍登记证书签发人姓名；变更登记日期；注销登记日期。

（2）变更登记　变更登记是指取得中华人民共和国国籍的民用航空器，遇有民用航空器所有人或其地址变更、民用航空器占有人或其地址变更以及民航总局规定需要办理变更登记的，应当向民航总局申请办理变更登记。

申请人应当按照民航总局规定的格式填写民用航空器变更登记申请书，并提交有关证明文件，交回原民用航空器国籍登记证书。民航总局自收到民用航空器国籍登记变更申请之日起7个工作日内，对申请书及有关证明文件进行审查；经审查，符合本规定的，即在中华人民共和国民用航空器国籍登记簿上进行变更登记，并颁发变更后的民用航空器国籍登记证书。

（3）注销登记　注销登记是指取得中华人民共和国国籍的民用航空器，遇有民用航空器所有权依法转移境外并已办理出口适航证的、民用航空器退出使用或者报废的、民用航空器失事或者失踪并停止搜寻的、符合本规定第五条第2款规定的民用航空器租赁合同终止，民航总局规定需要办理注销登记的其他情形之一的，应当向民航总局申请办理注销登记：

申请人应当按照民航总局规定的格式填写民用航空器注销登记申请书，并提交有关证明文件，交回原民用航空器国籍登记证书。民航总局自收到申请书之日起7个工作日内，对申请书及有关证明文件进行审查；经审查，符合本规定的，即注销该民用航空器的国籍登记。民用航空器注销国籍登记的，该航空器上的国籍标志和登记标志应当予以覆盖。

（4）临时登记　临时登记是指对未取得民用航空器国籍登记证书的民用航空器，申请人应当在进行下列飞行前30日内，按照民航总局规定的格式如实填写申请书，并向民航总局提交有关证明文件，办理临时登记：验证试验飞行、生产试验飞行、表演飞行、为交付或者出口的调机飞行、其他必要的飞行。

前款申请人是指民用航空器制造人、销售人或者民航总局认可的其他申请人。

民航总局准予临时登记的，应当确定临时登记标志，颁发临时登记证书。临时登记证书在其载明的期限内有效。临时登记标志应当在航空器上标明。取得临时登记标志的民用航空器出口，可以使用易于去除的材料将临时登记标志附着在民用航空器上，并应当完全覆盖外方要求预先喷涂的外国国籍标志和登记标志。载有临时登记标志的民用航空器不得从事规定以外的飞行活动。

7．标志

航空器的标志主要有国籍标志和登记标志两类。

1）国籍标志是识别航空器国籍的标志。航空器国籍标志须由一组字组成，从国际电信联盟分配给航空器登记国的无线电呼叫信号中的国籍代号系列中选用，并将国籍标志通知国际民用航空组织。在"国籍标志"之外，还有一种"共用标志"。

"共用标志"是国际民用航空组织分配给共用标志登记当局的标志。按《国际民用航空公约》第七十七条规定，预期不以国家形式登记航空器的可以采用共用标志。共用标志须从国际电信联盟分配给国际民用航空组织的无线电呼叫信号的代号系列中选用。

2）登记标志是航空器登记国在航空器登记后指定的标志。登记标志须是字母、数字或者两者的组合，列在国籍标志之后。

国籍标志和登记标志必须按规定的尺寸和字体涂在航空器上或用任何其他能保证同等耐久的方法附在航空器上。标志须保持清洁和随时可见。此外，航空器必须至少有一块刻有其国籍标志和登记标志的识别牌。此牌应用耐火金属或其他具有合适物理性质的耐火材料制成，并且应当固定在航空器主舱门附近显著的位置。

航空器的国籍标志与登记标志是航空器投入航空活动的重要先决条件，国籍标志是一国航空器区别于他国航空器的最基本内容。

1944年《芝加哥公约》要求从事国际航行的每一航空器应当载有适当的国籍标志和登记标志,对航空器的显示问题做了规定并提出了具体要求。公约的"附件七"对航空器的国籍标志、登记标志的位置、类型和大小列出了国际标准。同时,为了与公约提出关于报告登记情况的规定相对应,"附件七"规定了对总登记簿的要求和航空器随时携带的登记证的格式。

《中华人民共和国民用航空法》规定:依法取得中华人民共和国国籍的民用航空器,应当标明规定的国籍标志和登记标志。中华人民共和国民用航空器的国籍标志为罗马体大写字母B。中华人民共和国民用航空器的登记标志为阿拉伯数字、罗马体大写字母或者二者的组合。中华人民共和国民用航空器的国籍标志置于登记标志之前,国籍标志和登记标志之间加一短横线。取得中华人民共和国国籍的民用航空器,应当将国籍标志和登记标志喷涂在民用航空器上或者用其他能够保持同等耐久性的方法附着在民用航空器上,并保持清晰可见。国籍标志和登记标志在民用航空器上的位置、尺寸和字体,由国务院民用航空主管部门规定。图3-5所示为航空器国籍标识标志喷涂。

任何单位或者个人不得在民用航空器上喷涂、粘贴易与国籍标志和登记标志相混淆的图案、标记或者符号。

取得中华人民共和国国籍的民用航空器,应当载有一块刻有国籍标志和登记标志并用耐火金属或者其他耐火材料制成的识别牌。

图3-5 航空器国籍标识标志喷涂

8. 法律责任

对于违反规定,没有或者未携带民用航空器国籍登记证书或临时登记证书;伪造、涂改或者转让民用航空器国籍登记证书的;载有临时登记标志的民用航空器从事本规定以外的飞行活动的;民航总局或者其授权的地区管理局可以禁止该民用航空器起飞,并可处以警告。利用该民用航空器从事经营活动,有违法所得的,可以处以违法所得3倍以下的罚款(最高不超过30000元),没有违法所得的,可以处以10000元以下的罚款;利用该民用航空器从事非经营活动的,可以处以1000元以下罚款。

违反本规定不申请办理变更登记或者注销登记的;不按规定的位置、字体、尺寸在航空器上标明国籍标志和登记标志的;在民用航空器上喷涂、粘贴不符合规定或者未经民航总局批准的图案、标记或者符号的；不按规定在每一航空器上标明民用航空器所有人或者占有人的名称和标志的；不按规定制作或固定识别牌的；民航总局或者其授权的地区管理局可以处以警告。利用该民用航空器从事经营活动，有违法所得的，可以处以违法所得3倍以下的罚款（最高不超过30000元），没有违法所得的，可以处以10000元以下的罚款；利用该民用航空器从事非经营活动的，可以处以1000元以下罚款。

3.1.3 民用航空器权利登记

1. 航空器权利登记

民用航空器权利登记是指民用航空器权利人按照国务院民用航空主管部门的规定，分别填写民用航空器所有权、占有权或者抵押权登记申请书，并向国务院民用航空主管部门提交规定的相应文件，由主管部门依法在权利登记簿上登记的权利。

2. 民用航空器的权利及种类

民用航空器权利，包括对民用航空器构架、发动机、螺旋桨、无线电设备和其他一切为了在民用航空器上使用的，无论安装于其上或者暂时拆离的物品的权利。民用航空器权利的种类主要有：民用航空器所有权；通过购买行为取得并占有民用航空器的权利；根据租赁期限为六个月以上的租赁合同占有民用航空器的权利；民用航空器抵押权。民用航空器权利人应当就以上权利分别向国务院民用航空主管部门办理权利登记。

国务院民用航空主管部门设立民用航空器权利登记簿。同一民用航空器的权利登记事项应当记载于同一权利登记簿中。民用航空器权利登记事项可以供公众查询、复制或者摘录。除民用航空器经依法强制拍卖外，在已经登记的民用航空器权利得到补偿或者民用航空器权利人同意之前，民用航空器的国籍登记或者权利登记不得转移至国外。

3. 民用航空器权利登记制度

民用航空器权利登记制度是指权利登记机关即国务院民用航空主管部门，应权利登记申请人的申请，对民用航空器权利人、权利性质及种类、权利取得时间、民用航空器国籍等有关事项，在专门的权利登记簿中进行记载的一种法律制度。

民用航空器权利登记制度的作用主要表现在确认权利、实施管理和公示社会三个方面。

4. 民用航空器权利登记管理

民用航空器权利登记管理是指由权利登记管理部门（主管部门），依据民用航空器权利登记的程序，将权利登记内容以及民用航空器权利的变更和注销登记等登记在权利登记簿上，从而实现对民用航空器权利登记的管理。

（1）权利登记主管部门　民用航空器权利登记机关是国务院民用航空主管部门，现阶段是指中国民用航空总局。它作为国务院负责全国民用航空事业工作的行政主管部门，承担我国民用航空器权利登记工作。《中华人民共和国民用航空器权利登记条例实施办法》

规定:"中国民用航空总局民用航空器权利登记职能部门,负责办理民用航空器权利登记的具体事宜。"

(2)航空器权利登记簿　航空器权利登记簿是指由国务院民用航空主管部门设立的,统一记载民用航空器的权利状况的法律性文件。民用航空器权利登记事项,可以供公众查询、复制或者摘录,目的在于使权利登记机关和有关当事人能统一、全面地掌握每一航空器在购买、租赁、抵押等过程中的权利变化情况,方便管理,有利于有关当事人及时维护自己的合法权益。

(3)航空器权利登记的内容　民用航空器权利登记具体内容主要包括民用航空器所有权登记、民用航空器占有权登记和民用航空器抵押权登记。

(4)民用航空器权利登记程序　国务院民用航空主管部门应当自收到民用航空器权利登记申请之日起7个工作日内,对申请的权利登记事项进行审查。

经审查符合《中华人民共和国民用航空器权利登记条例》规定的,应当向民用航空器权利人颁发相应的民用航空器权利登记证书,并区别情况在民用航空器权利登记簿上载明规定的相应事项;经审查不符合《中华人民共和国民用航空器权利登记条例》规定的,应当书面通知民用航空器权利人。

不能及时提供有效文件的,可以先行提供复印件,但是应当在登记部门收到有关权利登记申请书原件之日起10个工作日内向登记部门提交有效文件。

在收齐全部有效文件之日起7个工作日内,登记部门依照规定对申请的权利登记事项完成审查,并颁发相应的民用航空器权利登记证书,对经审查不符合规定的,书面通知申请人。

申请人未能在上述10个工作日内提交有效文件的,有关权利登记申请人应当重新提出申请。

(5)民用航空器权利的变更和注销登记　民用航空器权利登记事项发生变更时,民用航空器权利人应当持有关的民用航空器权利登记证书和变更证明文件,向国务院民用航空主管部门办理变更登记;民用航空器抵押合同变更时,由抵押权人和抵押人共同向国务院主管部门办理变更登记。

当民用航空器的所有权转移、民用航空器灭失或失踪、民用航空器租赁关系终止或占有人停止占有、抵押权所担保的债权消失、优先权消灭以及国务院主管部门规定的其他情形时,民用航空器的债权人应当持有关的民用航空器权利登记证书和证明文件,向国务院民用航空主管部门办理注销登记。

5．民用航空器的国籍登记(权利)的转移

国籍登记的转移指的是航空器的所有权、占有权、租赁权和抵押权转移给第三方。

我国航空法规定除民用航空器经依法强制拍卖外,在已经登记的民用航空器权利得到补偿或者民用航空器权利人同意之前,民用航空器的国籍登记或者权利登记不得转移至国外。

6. 民用航空器权利的优先权

民用航空器优先权是指债权人依照规定，就援救该民用航空器的报酬、保管维护该民用航空器的必需费用向民用航空器所有人、承租人提出赔偿请求，对产生该赔偿请求的民用航空器具有优先受偿的权利。

民用航空器优先权的标的是指民用航空器优先权的主体所享有的权利以及承担的义务所指向的对象，是民用航空器优先权的权利主体根据法律规定为实现优先权而通过人民法院扣押的财产——民用航空器。享有民用航空器优先权的债权必须是向民用航空器所有人、承租人提出的赔偿请求。

民用航空器优先权的债权项目是指援救民用航空器的报酬、保管维护民用航空器必需的费用。

民用航空器优先权的债权受偿采用"时间倒序原则"，或者称"时间在先，权利在后"的原则排列债权的受偿顺序。

某民用航空器在海上遇难，一海运公司对其成功施救之后，一航空维修公司又对其进行必要的保管和维护，使其恢复适航状态。按照"时间倒序"原则，保管维护该民用航空器的费用应当优先于救助费用得到清偿。因为维修公司对航空器的保管、维护使航空器恢复了原有适航状态和功能，救助的效果和价值才得以体现。否则该航空器可能一文不值，形同废铜烂铁，甚至可能因保管不善而废弃。航空器的废弃，会导致以航空器为标的、担保发生在前的债权及救助报酬请求权的民用航空器优先权随之灭失。

民用航空器优先权与抵押权受偿顺序是民用航空器优先权先于民用航空器抵押权受偿，目的是为了鼓励救助遇险的航空器，从法律上保障救助人在经济上优先得到补偿。

民用航空器优先权的债权登记是指其债权人应当自援救或者保管维护工作终了之日起 3 个月内，就其债权向国务院民用航空主管部门登记。

民用航空器优先权时效及转让是指民用航空器优先权自援救或者保管维护工作终了之日起满 3 个月时终止；但是，债权人、债务人已经就此项债权的金额达成协议，有关此项债权的诉讼已经开始的除外。民用航空器优先权不因民用航空器所有权的转让而消失；但是，民用航空器经依法强制拍卖的除外。

3.1.4 民用航空器的适航管理

中国民用航空器的适航管理由中国民用航空总局负责，下设适航司，适航司具体负责民用航空器适航管理工作。在地区管理局分别设有适航处，业务上受总局领导。适航处对民用航空产品的设计进行型号审定、对民用航空产品的生产进行生产许可审定。另外在上海、西安、沈阳、成都等地设有航空器审定中心。

1. 适航管理

航空器适航管理是指航空器适航主管机关依照法律规定，对航空器从设计、定型开始，到生产、使用直至停止使用的全过程实行监督，以保证航空器的安全性为目标的技术管理和科学管理。

民用航空器的适航管理，是以保障民用航空器的安全为目标的技术管理，是国务院民用航空主管部门在制定了各种最低安全标准的基础上，对民用航空器的设计、制造、使用和维修等环节进行科学的、统一的审查、鉴定、监督和管理。

航空器的适航性是指有关航空器的安全或结构完整的品质特性，包括航空器的部件和分系统的性能水平以及操作特点上的安全或结构完整的品质特性。简言之，航空器的适航性是指航空器适合空中航行并能保障安全的规定性。

民用航空器的适航性管理具有权威性、国际性、完整性、动态发展性和独立性等特性。

2．适航管理分类

民用航空器的适航管理分为初始适航管理和持续适航管理两类。

1）初始适航管理是指对设计、生产过程的管理；是在航空器交付使用之前，民用航空器适航管理部门根据各类适航标准对航空器的设计、制造所进行的管理。

这类管理主要通过颁发和控制适航证件的方法来进行。通常的程序是适航管理部门受理申请人的申请项目以后，指派审查组，拟定审查计划，确定审查标准，要求或提出专用条件，现场进行符合性检查和评估，审查合格的颁发证件。发证后还要对持证人进行监督检查，必要时采取行政措施，促使持证人纠正存在的问题。

2）持续适航管理是指对航空器使用过程的管理；是指民用航空器满足初始适航管理要求，取得适航证并投入运营后，为保持它在设计制造时的基本安全标准或适航水平所进行的管理。图 3-6 所示为中国民用航空局飞行标准司于 2008 年颁布的航空器的持续适航文件。

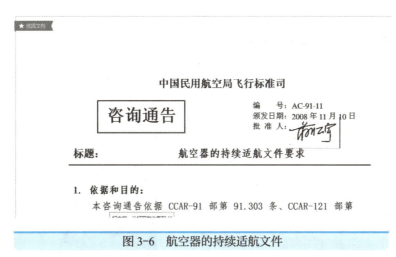

图 3-6　航空器的持续适航文件

3．适航管理内容

航空器的适航管理主要包括航空器的设计、航空制造、航空器维护与维修三方面的内容。

我国的民用航空器适航管理的法规主要是围绕民用航空器（含航空发动机、螺旋桨）的设计适航管理；民用航空器的生产、维修适航管理；民用航空器的进、出口适航管理；民用航空器使用适航管理四个方面的内容而制定的。图3-7所示为型号合格证，图3-8所示为型号设计批准书，图3-9所示为民用航空特许飞行证，图3-10所示为民用航空器标准适航证。

适航管理的目的是使民用航空器的所有人或者承租人，严格按照所持有的适航证书的类别和使用范围从事相应的飞行活动，不可超范围飞行。同时要认真做好民用航空器的维护保养工作，使民用航空器处于适航状态，以保证民用航空活动的安全进行，提高民用航空事业的整体安全水平，促进民航事业的发展和进步。

图3-7　型号合格证

图3-8　型号设计批准书

图3-9　民用航空特许飞行证

图3-10　民用航空器标准适航证

4. 运行适航管理规定

民用航空器运行是指以航行（包括驾驶、操纵航空器）为目的，使用或获准使用航空器，而不论所有人、使用人或其他人对航空器是否拥有合法的控制权运行。

民用航空器在运行过程中还应该遵循的适航管理规定如下：

(1) 运行的一般规定　按照规定获得批准或许可，并遵守获准的条件从事航空器运行；营运人必须遵守相关规定；必须携带现行有效的国籍登记证、适航证和无线电电台执照原件；运行期间，应当始终保持其外部的国籍标志、登记标志及营运人标志正确清晰；运行类别和使用范围，必须符合该航空器适航证的规定；投入运行的航空器必须保持该航空器的安全性始终不低于其型号合格审定基础对该航空器的最低要求；投入运行的航空器必须遵循飞行规则、必须遵守民航总局有关民用航空器追溯性适航要求的规定；必须执行有关该航空器的适航指令所规定的检查要求、改正措施或使用限制；必须配备与运行类别相适应的和为特殊作业所附加的经批准的航空器部件；航空器所有系统及航空器部件应当始终处于安全可用状态；必须携带现行有效的非缩微形式的飞行手册、最低设备清单、使用手册、外形缺损清单、快速参考手册、缺件放行指南；航空器在型号合格审定阶段必须进行航空器评审；引进的航空器在首次颁发适航证前，也必须进行航空器评审。

(2) 营运人及其适航责任　营运人是指使用航空器运行的航空器所有人或使用人。

营运人的适航责任是指营运人应当对航空器的适航性负责，必须做到每次飞行前实施飞行前检查，确信航空器能够完成预定的飞行；正确理解和使用最低设备清单，按民航总局批准或认可的标准排除任何影响适航性和运行安全的故障或缺陷；按批准的维修方案完成所有规定的维修作业内容；完成所有适用的适航指令和民航总局认为必须执行的其他持续适航要求；按法定技术文件要求完成选择性改装工作。

(3) 飞行记录本　飞行记录本是指对飞机的飞行过程、内容进行记录登记备查的档案。每架运行的航空器必须配备经民航总局批准或认可的飞行记录本（图3-11）。飞行记录本每次飞行记录的内容必须保存到航空器或航空器部件报废后十二个月为止。飞行记录至少应当包括民航总局认为必要的，用以确信航空器可以继续安全飞行的信息；航空器当前的维修状态说明和航空器返回使用的放行证明；所有已经发现的影响航空器使用的信息；必须使机组掌握的维修管理信息等内容。

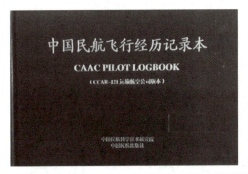

图3-11　飞行记录本

3.2 民用航空人员管理

3.2.1 民用航空人员

民用航空人员是指从事民用航空活动的空勤人员和地面人员。其中，空勤人员包括驾驶员、领航员、飞行机械人员、飞行通信员、乘务员；地面人员包括民用航空器维修人员、空中交通管制员、飞行签派员、航空电台通信员。无人机的航空人员主要有空中交通管制员、地面维修检测人员、飞机驾驶人员、签派员等。

1. 民用航空人员的法律责任

法律责任是指行为人由于违法行为、违约行为或者由于法律规定而应承受的某种不利的法律后果，具有国家强制性的特点。民用航空人员的法律责任主要包括行政责任、民事责任与刑事责任。

行政责任是指作为一种履行职务行为，民用航空工作人员在工作中由于违反相关管理制度，要接受民航部门的行政处分，从而承担相应的行政责任。

民事责任是指航空公司由于航班延误或飞行事故应当向乘客承担民事责任，而民用航空人员在履行职务过程中，由于自身过错造成乘客人身财物损失的，乘客同样可以要求其承担自身的民事责任。

刑事责任是指航空人员违反规章制度，致使发生重大飞行事故，造成严重后果的，就构成飞行重大安全事故罪，依法应当承担相应的刑事责任。此外，根据具体情况，民用航空人员还应承担其他刑事责任。

2. 民用航空人员责任形式

民用航空人员的责任清晰、形式明确，能够更好地各司其职，保证航空器安全可靠运行。在航空器运行过程中，民用航空人员的具体责任形式主要有：

（1）玩忽职守、违反规章　航空人员玩忽职守，或者违反规章制度，导致发生重大飞行事故，造成严重后果的，处三年以下有期徒刑或者拘役；造成飞机坠毁或者人员死亡的，处三年以上七年以下有期徒刑。对于未构成犯罪的，需要追究行政责任的，也将给予相应的行政处罚。

（2）无照运行　未取得航空人员执照、体检合格证而从事相应的民用航空活动的，由国务院民用航空主管部门责令停止民用航空活动，在国务院民用航空主管部门规定的限期内不得申领有关执照和证书，对其所在单位处以20万元以下的罚款。

（3）未按规定运行的　机长未对民用航空器实施检查而起飞的；民用航空器未按照空中交通管制单位指定的航路和飞行高度飞行，或者违反规定飞越城市上空的；由国务院民用航空主管部门对民用航空器的机长给予警告或者吊扣执照一个月至六个月的处罚，情节较重的，可以给予吊销执照的处罚。

（4）未携带有效证照的　民用航空器的机长或者机组其他人员执行飞行任务时，不按照规定携带执照和体格检查执照书的；民用航空器遇险时，违反规定离开民用航空器的；违反规定执行飞行任务的；由国务院民用航空主管部门给予警告或者吊扣执照一个月至六个月的处罚。

3.2.2 民用航空人员的训练与资格管理制度

1. 资格的取得与丧失

民用航空器从业人员应当接受专门训练，经考核合格，取得国务院民用航空主管部门颁发的执照，方可担任其执照载明的工作。民用航空器空勤人员和空中交通管制员在取得执照前，还应当接受国务院民用航空主管部门认可的体格检查单位的检查，并取得国务院民用航空主管部门颁发的体格检查执照书。

国际民用航空组织在《国际民用航空公约》附件中就人员执照问题在以下几个方面做了较为详细的规定：一是规定了充任飞行组成员的授权问题，即除非持有符合本附件规格并与其职务相适应的有效执照，任何人不得充任航空器飞行组成员，并且该执照应由航空器登记国签发或由任何其他缔约国签发并由航空器登记国认可有效；二是规定了认可执照的方法，即当本缔约国认可另一缔约国签发的执照以代替自己另发执照时，必须通过在前者执照上做适当批准确定其有效，接受该执照等同于自己签发的执照。这种批准的有效期，不得超过该执照的有效期限；三是就体检合格、执照的有效性、体检合格条件下降以及批准的训练等方面做了具体规定。

（1）资格管理与取得　民航总局飞行标准司负责全局驾驶员、飞行教员的审定和执照的管理工作。

民航地区管理局飞行标准部门是本地区驾驶员和飞行教员审定工作机构，负责本地区驾驶员、飞行教员的审定和执照的管理工作。

对于从业人员的资格证书，在取得之前需要满足从业的身体合格，文化及技术考核合格即通过理论考试和技术考核，并且各科成绩都在良以上，方可发给执照。图3-12 所示为民用航空器驾驶员执照。

图3-12　民用航空器驾驶员执照

(2) 资格的丧失　航空人员在取得资格后因种种原因未能继续符合规定的要求和达到规定的标准,其航空器从业人员的资格即告丧失。航空器从业人员资格的丧失有执照的收留、收回、自然中断和注销四种情况。

2. 工作时限及体检规定

工作时限是指民航工作人员连续工作的时间。为了确保飞行安全,防止飞行人员疲劳,保护飞行人员的身体健康,《民用航空法》规定,民用航空器机组人员的飞行时间、执勤时间不得超过国务院民用航空主管部门规定的时限。具体规定的飞行时间、执勤时间和休息时间的时限根据体检合格证规定和不同岗位的空勤人员组成,有不同的时限标准,并且主管部门要定期和不定期地进行检查和考核,以保证飞行安全。

体检规定是指航空器空勤人员和空中交通管制员在取得执照前,应当接受国务院民用航空主管部门颁发的体检合格证,其申请、审核和颁发程序如图3-13所示。空勤人员在执行飞行任务时应当随身携带执照和体检合格证,并接受国务院民用航空主管部门的查验。相应的体检合格证分为Ⅰ级体检合格证;Ⅱ级体检合格证;Ⅲ级体检合格证,包括Ⅲa、Ⅲb级体检合格证;Ⅳ级体检合格证,包括Ⅳa、Ⅳb级体检合格证四大类。图3-14所示为体检合格证与疫苗接种国际证书。

图3-13　民用航空人员体检合格证申请、审核和颁发程序

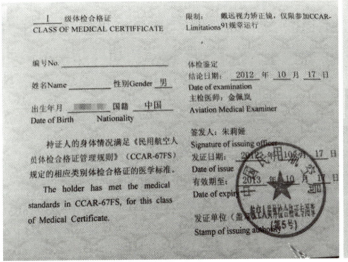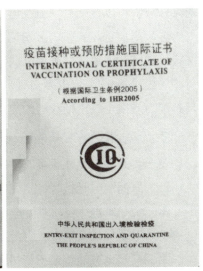

图 3-14 体检合格证与疫苗接种国际证书

3.2.3 有关机组与机长的法律规定

机组由机长和其他空勤人员组成。机组的组成和人员数，应当符合国务院民用航空主管部门的规定。

机长是指航空器机组的负责人。机长应当由具有独立驾驶该型号民用航空器的技术和经验的驾驶员担任。在执行飞行任务期间，机长负责领导机组的一切活动，保证遵守关于航空器飞行和运转的现行规则和规章，并对航空器及其所载人员和财产的安全负责。机长具有高度权威，航空器内全体人员必须服从机长命令，听从机长指挥，维持航空器内严明的纪律和正常的秩序，以保障机长履行职责，果断采取一切必要的合理措施，正确处理意外事故和突发事件。

3.3 民用机场管理规章

民用机场是指专供民用航空器起飞、降落、滑行、停放以及进行其他活动使用的划定区域，包括附属的建筑物、装置和设施。它是开展民航运输活动的重要场所，也是每次航空乘务服务的起点与终点。了解民用机场的相关知识，掌握涉及民用机场空域使用的相关管理规章，是做好运营无人机工作的前提。

民用机场管理规章是指对机场进行管理的依据，即各类与机场管理有关的法律、法规和规章制度等。

3.3.1 民用机场分类

1．我国民用机场的分类

我国的民用机场分为国际机场和国内机场。国际机场是指向国际民用航空组织登记并对外开放，可以接受外国航空器起降或备降的机场。国际机场又可分为国际定期航班机场（含国家门户机场）、国际定期航班备降机场、国际不定期飞行机场、国际不定期飞行备降机场和国际通用航空机场（我国暂不设）。

国内机场是指我国国际机场以外的一切其他机场，包括香港、澳门及台湾地区航线机场、国内航空干线机场和国内航空支线机场及国内通用航空机场。

2. 依据机场所服务的航线和规模分类

第一类是大型枢纽机场，是指连接国际、国内航线密集的大型枢纽机场，如北京首都机场、上海浦东国际机场、广州白云机场等，它们是中国最主要的国际门户机场。

第二类是国内干线机场，是指以国内航线为主，空运吞吐量较为集中的国内干线机场。这类机场主要是指直辖市、省会和自治区首府及重要工业、旅游、开放城市的机场。

第三类是地方航线或支线机场，是指规模较小，等级较低的机场。这类机场大多分布在各省、自治区地面交通欠发达地区。

3. 按照用途属性分类

按照用途属性，民用机场可分为：公共航空运输机场、通用航空机场和军民合用机场三类。

公共航空运输机场是指供公共航空运输活动使用，也可供通用航空活动使用的民用机场。

通用航空机场是指专供通用航空活动使用的民用机场。

军民合用机场是指军事航空与民用航空共用的机场，如北京南苑机场。

4. 根据机场经停客货航班的业务性质分类

根据机场经停客货航班的业务性质，机场可分为国际机场、航班机场、通用航空机场等类型。在西方国家，还有私人机场。图 3-15 所示为某机场俯瞰图。

图 3-15　某机场俯瞰图

3.3.2 主要设施

民用机场是提供民航飞机起飞、降落的专用场地，还提供与客货运输相关的服务与设施。民用机场从完成运输任务、保障旅客安全的功能出发，划分为不同的功能区，配备相应的设施。

民航机场的主要设施有运输服务设施、厂区、供油系统、无线电通信和导航系统、气象保障系统、供电与供水系统、助航灯光、安全保卫和消防援救设施等。

3.3.3 管理体制

我国机场管理体制是政企分开，属地管理。民航总局不再行使固有资产管理者的职能，只对民用机场实行行业管理，主要是制定规章、标准并监督实施，来对民用机场运行安全实施监督管理。监督管理制度主要有民用机场使用许可制度、民用机场适用性检查制度、民用机场活动区重要情况月报制度、民用机场不停航施工审批制度等几个方面。

我国民航机场管理是以中国民航的法律、法规以及国际惯例为基础，结合机场具体情况制定的保障安全的制度和办法，包括工作的执行以及对安全事故的认定和对事故责任人的惩罚办法等。这些制度有效地保障了机场管理的安全性。

以武汉天河机场为例，机场的地勤公司认真执行并修订完善各项规章制度，如《机务维修管理手册》《前场保障工作程序》《不正常航班保障预案》等15项机场保障工作制度，制定了三级单位《末端工作责任制》，使每一个工作环节都有章可循，力求做到服务规范化、管理制度化、操作程序化、检查标准化。

3.3.4 民用机场净空规定

民用机场净空是指为保证机场正常运行，国家相关部门制定的机场净空的规章制度。

净空首先禁止在依法划定的民用机场范围内和按照国家规定划定的机场净空保护区域内修建可能在空中排放大量烟雾、粉尘、火焰、废气而影响飞行安全的建筑物或者设施；禁止修建靶场、强烈爆炸物仓库等影响飞行安全的建筑物或者设施；禁止修建不符合机场净空要求的建筑物或者设施；禁止设置影响机场目视助航设施使用的灯光、标志或者物体；禁止种植影响飞行安全或者影响机场助航设施使用的植物；禁止饲养、放飞影响飞行安全的鸟类和其他动物；禁止修建影响机场电磁环境的建筑物或者设施。

民用机场新建、扩建的公告发布前，在依法划定的民用机场范围内和按照国家规定划定的机场净空保护区域内存在的可能影响飞行安全的建筑物、构筑物、树木、灯光和其他障碍物体，应当在规定的期限内清除；对由此造成的损失，应当给予补偿或者依法采取其他补救措施。

民用机场新建、扩建的公告发布后，任何单位和个人违反本规定和有关行政法规的规定，在依法划定的民用机场范围内和按照国家规定划定的机场净空保护区域内修建、种植或者设置影响飞行安全的建筑物、构筑物、树木、灯光和其他障碍物体的，由机场所在地县级以上地方人民政府责令清除；由此造成的损失，由修建、种植或者设置该障碍物体的人承担。

在民用机场及其按照国家规定划定的净空保护区域以外，对可能影响飞行安全的高大建筑物或者设施，应当按照国家有关规定设置飞行障碍灯和标志，并使其保持正常状态。

机场管理机构应当会同当地地方人民政府建立机场净空保护区域内建筑物、构筑物等修建项目的审批程序，定期检查机场净空状况，防止新增障碍物的修建，保持原有障碍物的障碍标志有效，防止在空中排放大量烟雾、粉尘、废气等影响机场能见度的各种设施或活动的出现及影响机场运行的各种飘浮物的出现，保护机场导航设备的电磁环境。

机场管理机构应当针对本机场的情况制定鸟击撞航空器的防治措施：组织人员经常调查机场及其附近的鸟类活动，特别是机场附近鸟类经常性或季节性的集结情况，收集鸟类活动资料，将其标在机场鸟类活动平面图上，根据调查结果提出综合防治鸟击撞航空器的方案并组织实施；对机场及其附近存在的吸引鸟类的垃圾堆、屠宰场、渔业加工厂等采取治理或者限制措施；设法消除或改造机场及其附近具有鸟类生存所需的食物、水、遮蔽等吸引鸟类的环境根源；发现鸟类集结的情况后，及时使用各种听觉、视觉驱鸟设备，或者采取其他有效措施驱赶鸟类；发生鸟击事件后，按照国际民航组织鸟击通报信息系统的格式报民航地区管理局等。

3.3.5 机场安全检查

安检是生活中的常态工作，乘坐火车、地铁、长途客车、飞机，进入重要场所等，都要进行安检。机场安全检查是为预防危害民用航空安全的非法行为发生而采取的一种防御措施。安全检查工作由机场安检部门依据国家有关规定实施，对携带的行李物品进行检查。安全检查的目的是防止将枪支、弹药、武器、凶器和易燃易爆、剧毒、放射性物质及其他危害航空安全的危险品带上或装载上飞机，保障民航飞机和乘客生命财产安全。图3-16所示为安检系统。

机场安全检查的主要依据是《中华人民共和国民用航空法》《中华人民共和国民用航空安全保卫条例》《中国民用航空安全检查规则》。安检工作应当坚持安全第一、严格检查、文明执勤、热情服务的原则。

2005年1月24日下午14时，乘坐SC1186航班前往济南的吕某在深圳宝安国际机场经过安全检查时，被查出所使用的身份证系伪造证件，按照有关规定，吕某被依法取消乘机资格，移交公安机关处理，这是深圳机场安检站当日向公安机关移送的第五起使用假冒伪造身份证件搭乘民航班机的案例。据深圳机场安检站有关人员介绍，使用非法证件乘机的情况主要有两种：第一种是通过不法分子伪造证件，有的伪造证件上的资料是本人的资料，有的伪造证件上的资料除照片外，都不是本人的资料，不论伪造证件上的个人资料是否属实，假证终归是假证，因此不能作为有效证件乘机；第二种情况是假冒别人登机，就是机票、身份证都是别人的，非法假冒别人的名字和证件。24 日深圳机场安检站就查获准备乘 3U8782 航班前往重庆的李某冒用肖某的机票和身份证件，被取消乘机资格。

依照民航法规定，乘坐民航班机必须出示有效的身份证件，极少数旅客在有效身份证件遗失的情况下，心存侥幸，企图使用假冒伪造身份证件蒙混过关，这种想法是不可取的。使用假冒伪造证件不但要取消乘机资格，而且按照治安管理处罚条例，可处以罚款 1000 元或行政拘留的处罚。

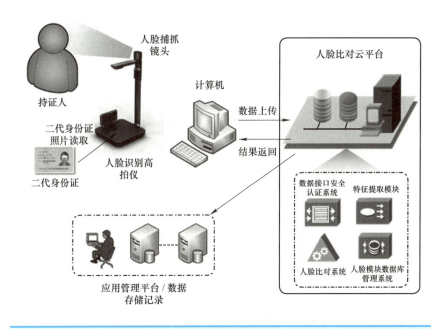

图 3-16　安检系统

3.4　通用航空法律制度

通用航空是指使用民用航空器从事公共航空运输以外的民用航空活动，是指除军事、警务、海关缉私飞行和公共航空运输飞行以外的航空活动。通用航空包括从事工业、农业、林业、渔业、矿业、建筑业的作业飞行和医疗卫生、抢险救灾、气象探测、海洋监测、科学实验、遥感测绘、教育训练、文化体育、旅游观光等方面的飞行活动。

3.4.1　通用航空法规制度的组成

我国现行的通用航空法律、法规主要由一部国家法律、两部行政法规、三十多部民航规章以及十几部作业标准组成。

1）一部国家法律：《中华人民共和国民用航空法》。该法不仅对于我国民用航空来说是最重要的法律，也是制定、颁布有关通用航空法规、规章制度的依据和基石。

2）两部行政法规。

第一部是国务院于1986年发布的《国务院关于通用航空管理的暂行规定》。该法规是我国政府第一次以立法的形式将"专业航空"更名为"通用航空"，与国际接轨。该法规不仅明确规定了通用航空的管理机构，还明确了通用航空运营者从事相关活动的申报、审批程序和要求，通用航空相关活动由此开始规范化。

第二部是国务院和中央军委于2003年5月1日颁布实施的《通用航空飞行管制条例》。该条例的出台在一定程度上规范了飞行管制，也为相关管理部门对通用航空飞行活动的管理制定了飞行管制依据，使得飞行管制在一定程度上有法可依，减少了相关部门的自由裁量权。

3）目前民航局颁布的针对通用航空的各类规章有三十多部民航规章（CCAR），如《一般运行和飞行规则》《通用航空经营许可管理规定》《通用航空企业审批管理规定》等，涉及通用航空企业经营范围和要求、资质审定和审批程序、从业人员资质管理与认证、运行标准、飞行管理、安全保卫等领域。

2013年11月18日颁布了《通用航空飞行任务审批与管理规定》。该规定是由中国人民解放军总参谋部、中国民用航空局共同起草和发布的，并于2013年12月1日起正式实施，是目前有关通用航空最新的规章。

4）十几部作业标准。例如《通用航空设施设备》《飞机喷洒设备性能技术指标》《民用航空地面等级事故》等，这些都规定了通用航空部分作业的国家标准和行业标准，是实施通用航空监督、执法、处罚等的重要依据。

综上，尽管我国通用航空立法存在法律体系不完善、缺乏高层次的通用航空法、配套规章不健全、针对性需加强等问题，但是经过近几年的努力，我们也取得了一些成绩。其中《通用航空飞行管制条例》和《通用航空飞行任务审批与管理规定》的颁布对我国通用航空的发展和管理意义重大。

3.4.2 通用航空管理法规制度

1. 通用航空从业的法定条件

通用航空从业的法定条件是指使用民用航空器从事通用航空活动，应当具备的条件。

这些条件分别是：有符合飞行安全要求的民用航空器；有必要的依法取得执照的航空人员；符合法律、行政法规规定的其他条件；从事经营性通用航空，限于企业法人。

从事通用航空活动应遵守的规定：组织实施作业飞行时，应当采取有效措施，保证飞行安全、保护环境和生态平衡，防止对环境、居民、作物或者牲畜等造成损害；应当投保地面第三人责任险，保险金额应与所承担的责任相一致；通用航空企业从事经营性通用航空活动，应当与用户订立书面合同，但是紧急情况下的救护或者救灾飞行除外。

2．通用航空的管理制度

根据通用航空的性质不同，对其管理的内容和方式也不相同。对此，《中华人民共和国民用航空法》第一百四十七条做了明确的规定："从事非经营性通用航空的，应当向国务院民用航空主管部门办理登记。从事经营性通用航空的，应当向国务院民用航空主管部门申请领取通用航空经营许可证，并依法办理工商登记；未取得经营许可证的，工商行政管理部门不得办理工商登记"。

从这一规定可以看出，从管理角度划分，通用航空分为经营性和非经营性两大类。法律未对"非经营性"做明确规定，一般理解为是为自身需要而进行的，不对外营业，不收取报酬。凡符合法定条件的，均可从事通用航空活动。但只有企业法人，才能从事经营性通用航空活动。

按照非经营性和经营性的划分，对通用航空实行"准则制"和"审批制"两种不同的管理制度。

准则制是指符合法定条件的企业法人均可从事非经营性通用航空活动，只需向主管机关办理登记手续。

审批制是指具备法定条件从事经营性通用航空活动的有关企业法人必须向主管机关提出申请，经审查批准，取得主管机关颁发的经营许可证并持经营许可证办理工商登记之后，方可从事经营性通用航空活动。

3．通用航空划设临时飞行空域的申请

通用航空和一般的公共航空运输有很大不同。从事通用航空飞行活动的单位、个人，根据飞行活动要求，需要划设临时飞行空域的，应当向有关飞行管制部门提出划设临时飞行空域的申请。

（1）划设临时飞行空域的内容　划设临时飞行空域的内容主要有临时飞行空域的水平范围、高度；飞入和飞出临时飞行空域的方法；使用临时飞行空域的时间；飞行活动的性质；其他有关事项。

（2）划设临时飞行空域的批准权限　划设临时飞行空域的批准权限主要是根据不同的任务需求，申请划设的空域不尽相同，划设空域的批准权限也会有所不同。

例如，在机场区域内划设的空域，由负责该机场飞行管制的部门批准；超出机场区域在飞行管制分区内划设的空域，由负责该分区飞行管制的部门批准；超出飞行管制分区在飞行管制区内划设的空域，由负责该管制区飞行管制的部门批准；在飞行管制区间划设的空域，由中国人民解放军空军批准。批准划设临时飞行空域的部门应当将划设的临时飞行空域报上一级飞行管制部门备案，并通报有关单位。

（3）划设临时飞行空域申请与批准时限　划设临时飞行空域的申请与批准有一个过程，这个过程就是所需要的时间或时限。

申请时限是指划设临时飞行空域的申请所需要的时间，一般应当在拟使用临时飞行空域 7 个工作日前向有关飞行管制部门提出；批准时限是指负责批准该临时飞行空域的飞行管制部门最迟给予批准批复的时间，一般情况应当在拟使用临时飞行空域 3 个工作日前做出批准或者不予批准的决定，并通知申请人。

（4）临时飞行空域使用期限　　临时飞行空域的使用期限是指申请空域的使用时间，一般情况下是根据通用航空飞行的性质和需要确定，通常不得超过 12 个月。因飞行任务的要求，需要延长临时飞行空域使用期限的，应当报经批准该临时飞行空域的飞行管制部门同意。通用航空飞行任务完成后，从事通用航空飞行活动的单位、个人应当及时报告有关飞行管制部门，其申请划设的临时飞行空域即行撤销。已划设的临时飞行空域，从事通用航空飞行活动的其他单位、个人因飞行需要，经批准划设该临时飞行空域的飞行管制部门同意，也可以使用。

4. 通用航空空中交通管制

"空中交通管制"也称"飞行管制"或"航空管制"，其主要含义是指对飞行中的航空器提供空中交通管制服务，并实施有效的监督和管理。

空中交通管制包括监督航空器严格按照批准的计划飞行，维护飞行秩序，禁止未经批准的航空器擅自飞行；禁止未经批准的航空器飞入空中禁区、临时空中禁区或者飞出、飞入国境；防止航空器与航空器、航空器与地面障碍物相撞；防止地面对空兵器或者对空装置误射航空器。

我国的空中交通管制，受国务院、中央军委空中交通管制委员会的领导，由中国人民解放军空军统一组织实施，各有关飞行管制部门按照各自的职责分工提供空中交通管制服务。执行空中交通管制可以防止空中灾难的发生。

例如，新疆航空公司的一架由成都飞往乌鲁木齐的客机，由于机上领航设备出现故障，飞机已下降到安全高度以下，正在担负航空管制任务的我空军某航空管制中心及时判明飞机属性，果断指挥飞机上升到安全高度，引导安全降落；两架外国航班未按申请航线和入境点飞行，试图从非计划航线飞入我国境内，可疑的亮点刚刚在雷达管制监测屏幕上出现，就被正在值班的我军某部发现，他们立即通过民航实施指挥，令其严格按照预先申请的航线和入境点飞行，并利用雷达监视该航班在境外调整航线，避免了可能造成的航空安全隐患，维护了国家领空的安全。

交通管制主要是通过飞行计划申请、从事通用航空飞行活动必须提交的有效批准文件、飞行计划申请的批准、飞行计划的申请与批准时限等来进行空中交通管制。

（1）飞行计划申请　　飞行计划申请是指从事通用航空飞行活动的单位、个人实施飞行前，应当向当地飞行管制部门提出飞行计划申请，按照批准权限，经批准后方可实施。

飞行计划申请应当包括：飞行单位；飞行任务性质；机长（飞行员）姓名、代号（呼号）和空勤组人数；航空器型别和架数；通信联络方法和二次雷达应答机代码；起飞、降落机场和备降机场；预计飞行开始、结束时间；飞行气象条件；航线、飞行高度和飞行范围；其他特殊保障需求等内容。

（2）必须提交的有效批准文件　必须提交的有效批准文件是指从事通用航空活动的单位、个人飞出或者飞入我国领空的（公务飞行除外），进入空中禁区或者国（边）界线至我方一侧10km之间地带上空飞行的，进行航空物探或者航空摄影活动的，超出领海（海岸）线飞行的，外国航空器或者外国人使用我国航空器在我国境内进行通用航空飞行活动的，都必须在提出飞行计划申请时，提交有效的任务批准文件。否则，不能从事通用航空活动。

（3）飞行计划申请的批准　飞行计划申请的批准是指从事通用航空活动所使用机场飞行空域、航路、航线等计划必须报送当地飞行管制部门批准或者由当地飞行管制部门报经上级飞行管制部门批准。没有得到批准的任何飞行计划都属于"黑飞"。

使用临时飞行空域、临时航线进行通用航空飞行活动，其飞行计划在机场区域内的，由负责该机场飞行管制的部门批准；超出机场区域在飞行管制分区内的，由负责该分区飞行管制的部门批准；超出飞行管制分区在飞行管制区内的，由负责该区域飞行管制的部门批准；超出飞行管制区的，由中国人民解放军空军批准。

（4）飞行计划的申请与批准时限　飞行计划的申请与批准时限是指飞行计划的申请应当在拟飞行前什么时间提出申请，飞行管制部门应在什么时限内给予批复的时间。

飞行计划是航空器飞行的具体时间安排，该安排必须提前进行申请并且得到相关部门的批准后，才能实施。而提出与批复必须在一定的时限内完成，以使飞行活动合法有序进行。对于飞行计划的申请与批准时限有如下规定：

一般情况下，飞行计划申请应当在拟飞行前1天15时前提出；飞行管制部门应当在拟飞行前1天21时前做出批准或者不予批准的决定，并通知申请人。

对于执行紧急救护、抢险救灾、人工影响天气或者其他紧急任务的，可以提出临时飞行计划申请。临时飞行计划申请最迟应当在拟飞行1小时前提出；飞行管制部门应当在拟起飞时刻15分钟前做出批准或者不予批准的决定，并通知申请人。

对于在划设的临时飞行空域内实施通用航空飞行活动的飞行计划，可以在申请划设临时飞行空域时一并提出15天以内的短期飞行计划申请，不再逐日申请；但是每日飞行开始前和结束后，应当及时报告飞行管制部门。

对于使用临时航线转场飞行的，其飞行计划申请应当在拟飞行2天前向当地飞行管制部门提出；飞行管制部门应当在拟飞行前1天18时前做出批准或者不予批准的决定，并通知申请人，同时按照规定通报有关单位。

5．通用航空飞行保障的有关规定

为了更好地对各类飞行活动进行规范和管理，保障飞行计划的落实，对各种保障提供部门以及实施飞行活动的人员和单位的职责进行了详细的规定，规定内容如下：

1）通信、导航、雷达、气象、航行情报和其他飞行保障部门应当认真履行职责，密切协同，统筹兼顾，合理安排，提高飞行空域和时间的利用率，保障通用航空飞行顺利实施。

2）通信、导航、雷达、气象、航行情报和其他飞行保障部门对于紧急救护、抢险救灾、人工影响天气等突发性任务的飞行，应当优先安排，以保障突发性任务的完成。

3）从事通用航空飞行活动的单位、个人组织各类飞行活动，应当制定安全保障措施，严格按照批准的飞行计划组织实施，并按照要求报告飞行动态。

4）从事通用航空飞行活动的单位、个人，应当与有关飞行管制部门建立可靠的通信联络。在划设的临时飞行空域内从事通用航空飞行活动时，应当保持空地联络畅通。

5）在临时飞行空域内进行通用航空飞行活动，通常由从事通用航空飞行活动的单位、个人负责组织实施，并对安全负责。

6）飞行管制部门应当按照职责分工或者协议，为通用航空飞行活动提供空中交通管制服务。

7）从事通用航空飞行活动需要使用军用机场的，应当将使用军用机场的申请和飞行计划申请一并向有关部队司令机关提出，由有关部队司令机关做出批准或者不予批准的决定，并通知申请人。

8）从事通用航空飞行活动的航空器转场飞行，需要使用军用或者民用机场的，由该机场管理机构按照规定或者协议提供保障；使用军民合用机场的，由从事通用航空飞行活动的单位、个人与机场有关部门协商确定保障事宜。

9）在临时机场或者起降点飞行的组织指挥，通常由从事通用航空飞行活动的单位、个人负责。

10）从事通用航空飞行活动的民用航空器能否起飞、着陆和飞行，由机长（飞行员）根据适航标准和气象条件等最终确定，并对此决定负责。

6. 升、放气球的规定

升、放气球以不影响飞行安全为第一要务，为此我国对升、放气球制定了一系列的规定。

过去我国存在着"随意放气球"的现象，尤其是在飞行活动密集地区或主要航线下方未经批准，随意升放飞行物体或放飞鸟类，对民用或军用航空造成了不良影响。2000年5月27日，重庆市18个商业宣传气球升空，险些与空中八架班机相撞，迫使航班改航、迫降，造成了很大的经济损失。《通用航空飞行管制条例》规定，在我国境内从事升放无人驾驶自由气球和系留气球活动，也适用本条例，主要内容包括以下几个方面：

1）放无人驾驶自由气球或者系留气球，不得影响飞行安全。所谓无人驾驶自由气球，是指无动力驱动、无人操纵、轻于空气、总质量大于4kg自由飘移的充气物体。所谓系留气球，是指系留于地面物体上、直径大于1.8m或者体积容量大于$3.2m^3$、轻于空气的充气物体。

2）无人驾驶自由气球和系留气球的分类、识别标志和升放条件等，应当符合国家有关规定，以便于识别与管理。

3）进行升放无人驾驶自由气球或者系留气球活动，必须经市级以上气象主管机构会同有关部门批准，具体办法由国务院气象主管机构制定。

4）升放无人驾驶自由气球，应当在拟升放 2 天前持规定的批准文件向当地飞行管制部门提出升放申请；飞行管制部门应当在拟升放 1 天前做出批准或者不予批准的决定，并通知申请人。

5）升放无人驾驶自由气球的申请内容包括：①升放的单位、个人和联系方法；②气球的类型、数量、用途和识别标志；③升放地点和计划回收区；④预计升放和回收（结束）的时间；⑤预计飘移方向、上升的速度和最大高度等。

6）升放无人驾驶自由气球，应当按照批准的申请升放，并及时向有关飞行管制部门报告升放动态；取消升放时，应当及时报告有关飞行管制部门。

7）升放系留气球，应当确保系留牢固，不得擅自释放。系留气球升放的高度不得高于地面 150m，但是低于距其水平距离 50m 范围内建筑物顶部的除外。系留气球升放的高度超过地面 50m 的，必须加装快速放气装置，并设置识别标志。图 3-17 所示为系留式无人气球，图 3-18 所示为无人气球。

图 3-17　系留式无人气球

图 3-18　无人气球

8）升放的无人驾驶自由气球或者系留气球发生下列可能危及飞行安全的情况时，升放单位、个人应当及时报告有关飞行管制部门和当地气象主管机构。

① 无人驾驶自由气球非正常运行的；

② 系留气球意外脱离系留的；

③ 其他可能影响飞行安全的异常情况。

加装快速放气装置的系留气球意外脱离系留时，升放系留气球的单位、个人应当在保证地面人员、财产安全的条件下，快速起动放气装置。

9）禁止在依法划设的机场范围内和机场净空保护区域内升放无人驾驶自由气球或者系留气球，国家另有规定的除外。

7. 法律责任

法律责任是指不遵守相关规定，应当承担的刑事和民事处罚。

从事通用航空飞行活动的单位、个人未经批准擅自飞行的；未按批准的飞行计划飞行的；不及时报告或者漏报飞行动态的；未经批准飞入空中限制区、空中危险区的；由有关部门按照职责分工责令改正，给予警告；情节严重的，处2万元以上10万元以下罚款，并可给予责令停飞1～3个月、暂扣直至吊销经营许可证、飞行执照的处罚；造成重大事故或者严重后果的，依照刑法关于重大飞行事故罪或者其他罪的规定，依法追究刑事责任。

违反有关规定未经批准飞入空中禁区的，由有关部门按照国家有关规定处置。升放无人驾驶自由气球或者系留气球，未经批准擅自升放的；未按照批准的申请升放的；未按照规定设置识别标志的；未及时报告升放动态或者系留气球意外脱离时未按照规定及时报告的；在规定的禁止区域内升放等违反其中两项规定的，由气象主管机构或者有关部门按照职责分工责令改正，给予警告；情节严重的，处1万元以上5万元以下罚款；造成重大事故或者严重后果的，依照刑法关于重大责任事故罪或者其他罪的规定，追究刑事责任。

3.5 民航刑法及航空安保法律制度

3.5.1 刑法简介

刑法是规定犯罪与刑罚的法律规范的总和，是惩治犯罪、保护人民、维护社会稳定的基本法律。

刑法具有区别于其他法律的特有属性，这种特有属性主要表现在刑法规定了犯罪与其法律后果；刑法调整与保护的法律关系相当广泛；刑法在所有法律中最为严厉；是其他法律的保障法。

中华人民共和国刑法的主要作用是用刑罚同一切犯罪行为做斗争，以保卫国家安全，保卫人民民主专政的政权和社会主义制度，保护国有财产和劳动群众集体所有的财产，保护公民私人所有的财产，保护公民的人身权利、民主权利和其他权利，维护社会秩序、经济秩序，保障社会主义建设事业的顺利进行。

刑法的基本原则是法定原则、刑法面前人人平等原则、罪责刑相适应原则，这些原则贯穿于刑法始终，是指导刑法运行的全局性、根本性的准则。

刑法的法定原则是指法无明文规定不为罪、法无明文规定不处罚的原则。即法律明文规定为犯罪行为的，依照法律定罪处刑；法律没有明文规定为犯罪行为的，不得定罪处刑。

刑法面前人人平等原则是指对任何人犯罪，在适用法律上一律平等。不允许任何人有超越法律的特权。即刑法在理论上是不允许任何人有超越法律的特权，不得因犯罪人或被害人的特殊身份地位，或者不同出身、民族、宗教信仰等而对犯罪人予以不同的刑罚适用。

罪责刑相适应原则是指刑罚的轻重，应当与犯罪分子所犯罪行和承担的刑事责任相适应。即重罪重罚，轻罪轻罚，一罪一罚，数罪并罚，罚当其罪，罪刑相应。

3.5.2 民用航空与刑法

民用航空既包含有人驾驶的民用航空器，还包括无人驾驶的民用航空器。航空器作为快捷高效的交通工具，在现代经济中发挥着越来越重要的作用。民用航空活动因其特殊性，对社会经济的发展影响巨大，同时民用航空活动也面临来自各方面人为因素的影响，从而危及交通安全与人们的生命财产安全。因此，严厉打击针对民航的犯罪活动、打击非法从事通用航空活动的行为，是保障民用航空活动健康发展的基本条件。

1. 危害民用航空的犯罪和惩罚

（1）危害民用航空的犯罪　危害民用航空的犯罪是指危害公共安全罪。危害公共安全罪主要包括破坏交通工具罪、破坏交通设施罪、劫持航空器罪、危害飞行安全罪、重大飞行事故罪等。对于危及民用航空的犯罪行为，根据刑法给予最严厉的惩罚。

（2）破坏交通工具罪　破坏交通工具罪是指破坏火车、汽车、电车、船只、航空器，足以使火车、汽车、电车、船只、航空器发生倾覆、毁坏危险，尚未造成严重后果的行为。对于此种行为的刑罚通常是处三年以上十年以下有期徒刑。其中的航空器是指民用航空飞机，飞机本身的安全是航空安全的前提与保障，因此刑法给予破坏飞机的行为严厉打击。

（3）破坏交通设施罪　破坏交通设施罪是指破坏轨道、桥梁、隧道、公路、机场、航道、灯塔、标志或者进行其他破坏活动，足以使火车、汽车、电车、船只、航空器发生倾覆、毁坏危险，尚未造成严重后果的行为。对于此种行为的刑罚通常是处三年以上十年以下有期徒刑。而机场是飞机起飞与降落的场所，机场安全是航空安全的重要组成部分。

（4）劫持航空器（劫机）罪　劫持航空器（劫机）罪是指以暴力、胁迫或者其他方法劫持航空器，迫使其偏离航线，飞往劫持者指定的国家和地点，以满足劫机者的要求的行为。对于劫持航空器的犯罪行为，刑法的刑罚是处十年以上有期徒刑或者无期徒刑；致人重伤、死亡或者使航空器遭受严重破坏的处死刑。当前预防、打击劫机犯罪已经成为保障民航安全的首要任务。

（5）暴力危及飞行安全罪　暴力危及飞行安全罪是指犯罪嫌疑人对飞行中的航空器上的人员使用暴力，危及飞行安全的行为以及低空无人机违规非法飞行危及飞行安全的行为。对于危及飞行安全尚未造成严重后果的，刑法的刑罚是处五年以下有期徒刑或者拘役；对于造成严重后果的，刑法的刑罚是处五年以上有期徒刑。这是针对某些乘客因各式各样的原因，而以暴力行为危及航空安全的处罚依据；对于无人飞行器非法运营危及航空安全的行为，依据刑法的相关规定进行处罚。

（6）重大飞行事故罪　重大飞行事故罪是针对航空人员违反规章、规定制定的，类似于地面上的交通肇事罪，是指航空人员违反规章制度，致使发生重大飞行事故，造成严重后果或造成飞机坠毁或者人员死亡的行为。对于引发重大飞行事故，造成严重后果的行为，刑法规定处三年以下有期徒刑或者拘役；对于造成飞机坠毁或者人员死亡的行为，刑法规定处三年以上七年以下有期徒刑。

（7）非法携带枪支、弹药、管制刀具、危险物品危及公共安全罪　非法携带枪支、弹药、管制刀具、危险物品危及公共安全罪是指非法携带枪支、弹药、管制刀具或者爆炸性、易燃性、放射性、毒害性、腐蚀性物品，进入公共场所或者公共交通工具，危及公共安全的行为。刑法对非法携带或托运危险货物，情节严重的，处三年以下有期徒刑、拘役或者管制等刑罚。

（8）聚众扰乱社会秩序罪　聚众扰乱社会秩序罪是指聚众扰乱社会秩序，情节严重，致工作、生产、营业、教学、科研和医疗无法进行，造成严重损失的行为。对于情节严重的，对首要分子，处三年以上七年以下有期徒刑；对其他积极参加的，处三年以下有期徒刑、拘役、管制或者剥夺政治权利。

2. 国际条约对犯罪和刑罚的限定

为了防止劫持飞机和对国际民用航空的其他干扰行为，国际民航组织曾制定了三个反劫机公约和一个补充议定书。

第一个反劫机公约是1963年在东京签订的《关于在航空器内犯罪和其他行为的公约》，对公约的范围、航空器内犯罪的刑事管辖权、机长的责任以及各国的权利与责任等均做了详尽的规定。

第二个反劫机公约是1970年在海牙签订的《关于制止非法劫持航空器的公约》，为防止和处理、惩治劫机制定了明确的规则。

第三个反劫机公约是1971年在蒙特利尔签订的《关于制止危害民用航空安全的非法行为的公约》，为防止和处理、惩治劫机制定了更明确的规则。

此外，还有1988年2月24日在蒙特利尔签订的《制止在国际民用机场发生的非法暴力行为的协定》，以补充1971年蒙特利尔公约。

我国已先后加入了上述反劫机公约和补充议定书。

三个公约、一个协定针对国际民航安全的犯罪行为归纳如下：

在飞行中的航空器内用暴力或用暴力威胁，或用任何其他胁迫方法，非法劫持或控制该航空器；

对飞行中的航空器内的人实施暴力行为，如该行为足以危及该航空器的安全；

破坏使用中的航空器，或者对该航空器造成损坏使其不能飞行或足以危及其飞行安全；

不论采用何种方法，在使用中的航空器内放置或唆使他人放置一种装置或物质，该装置或物质具有破坏该航空器，或者对其造成损坏使其不能飞行或足以危及飞行安全的特性；

破坏或损坏航行设施或扰乱其工作，若任何此种行为足以危及飞行中航空器的安全；

传送明知是虚假的安全信息；

使用一种装置、物质或武器，在用于国际民用航空的机场内对人实施暴力行为，造成或足以造成重伤或死亡的；

使用一种装置、物质或武器,破坏或严重损坏用于国际民用航空的机场及场上未在使用中的航空器,或者中断机场服务以致危及或足以危及该机场的安全。

凡实施上述行为或其未遂行为以及实施此类行为或其未遂行为的人的共犯,即构成犯罪。

注:(1)"飞行中"指所有舱门关上到任意一外部舱门打开时;

(2)"使用中"指地面或机组人员为某一飞行进行飞行前准备时起到飞机降落24小时内止。

3.5.3 航空安保法律制度

1. 航空安保制度的确立

随着我国民航事业的不断壮大,伴随而来的危害民用航空安全的犯罪行为也时有发生,为进一步保障航空安全、降低事故率,从根本上加强航空安保工作已成为航空界的共同目标和紧迫任务。

为了惩治、预防危害航空安全的犯罪行为,我国一方面在履行、恪守《国际民用航空公约》《东京公约》《海牙公约》和《蒙特利尔公约》及其补充议定书等国际公约的义务和规定的同时;另一方面,积极制定国内航空安保法律、法规,将公约的相关内容转化为国内法,颁布了一系列有关航空安保的法律、法规、规章及相关规范性文件,初步建立起国内航空安保法律体系,并保证其在中华人民共和国境内的有效实施。

(1)我国法律层面的制度建设 1979年制定的《中华人民共和国刑法》,其中专门将劫机、破坏飞机、破坏机场等足以使飞机发生毁坏危险的行为规定为严重的刑事犯罪行为,予以严惩。

1992年12月全国人民代表大会制定了《关于惩治劫持民用航空器犯罪分子的决定》,专门规定劫机罪的构成及其刑罚,用以严厉打击劫持航空器的犯罪行为。

1996年施行的《中华人民共和国民用航空法》也专章规定了危害民用航空安全的犯罪行为之构成及其处罚。

1997年修订《刑法》时,将《关于惩治劫持民用航空器犯罪分子的决定》的规定直接纳入新刑法中。

(2)我国法规方面的制度建设 1996年7月6日,国务院第201号令发布了《中华人民共和国民用航空安全保卫条例》。这是我国目前仅有的一部专门规定航空安保的行政法规,对民用机场的安全保卫、民用航空营运的安全保卫、民用航空安全检查以及违法责任都做了比较明确的规定,对防止非法干扰民用航空活动、维护民用航空秩序、保障民用航空安全也起到了很好的作用。

(3)我国规章方面的制度建设 关于航空安保的规章制度建设是由相关部门根据相关法律、法规制定的,涉及机场、航空器、旅客、行李、货物等方面的航空安全保卫工作的部门规章。这些规章对于规范民用航空安全保卫工作,维护航空运输秩序,制止威胁飞行安全的行为,防止机上滋扰行为，保护所载人员和财产的安全，保障民用航空飞行安全起着十分重要的作用。如《民用航空安全保卫工作规则》《中国民用航空安全检查规则》《中国民用航空监察员规定》《航空安全员合格审定规则》《公共航空旅客运输飞行中安全保卫规则》等。

为了更好落实航空安全保卫工作，国务院、公安部、民航局以及民航局公安局职能部门根据有关法律、法规和规章的内容，发布了大量有关航空安保的非规章类的规范性文件。例如，《国家处理劫机事件的总体预案》《关于加强国际航班空放安全和外航飞机在我国内机场安全保卫工作的通知》《关于实施居民身份证查验制度后办理乘机和货运手续有关规定的通知》等，这些规范性文件的数量大大超过了法律、法规、规章的总和。虽然法律、行政法规对这些规范性文件的地位、效力没有明确的规定，但是实践中，这些规范性文件在我国民航安保工作中占有非常重要的地位，对有关航空安保的行政法规和行政规章起到了必要的和有效的执行作用，在一定条件下还起到了补充的作用。

2. 我国航空安保制度的完善

为适应国际国内形势发展的需要，规范航空安保管理和安保运行，总结、归纳我国这些年来航空安保工作经验，形成固化的长效工作机制，实现国际航空安保标准和建议性措施的国内法转化，进一步完善有关航空安保的法规体系，我国迫切需要将国际民航组织规定的强制性安保标准在国内法中体现出来，以利于规定标准的统一、有效执行，有必要制定各个方面航空安保工作的规章，对相关事项予以系统化规范。

习题

1. 什么是航空器？
2. 什么是民用航空器？
3. 什么是国家航空器？
4. 什么是通用航空器与通用航空？
5. 什么是无人机？
6. 什么是航空器国籍登记管理？
7. 航空器国籍登记管理的内容有哪些？
8. 航空器国籍登记管理的原则有哪些？
9. 民用航空器权利登记的内容有哪些？
10. 什么是民用航空器优先权？
11. 民用航空器的适航管理、特性和分类如何？

第 4 章

无人机
法规与安全

无人机 法律法规与安全飞行

导读

法规是一种特殊的行为规范，是由国家委托相关部门制定或认可的、靠国家强制力来保证实施的，具有强制性，并且对全体社会成员具有普遍约束力。航空法规用来规范航空活动的行为，以达到保证各种航空活动安全、有序发展的目的。

我国无人机法律与法规的制定参照国际法，借鉴其他国家制定的相关法律，法规，依据我国航空法、民用航空的相关规章制度。

无人机法律法规调整的对象是指使用无人机进行航空活动中所产生的各种社会关系的总和。它具有独立性、综合性、国际性的特点，是规范无人机在生产、使用等活动中所产生的社会关系的规定。本章主要介绍无人机法规的作用、地位、特性、分类以及发展历史。

教学目标

通过本章的学习，掌握无人机法规的作用、概念、特点；了解其发展历程和制定无人机相关法规的依据。

4.1 无人机法规简介

无人机的发展历史可以追溯到20世纪20年代，技术的进步和战争的需求，使无人机逐渐发展为世界各国，尤其是发达国家武器装备中重要的组成部分之一。无人化作战现已成为未来战争发展的方向之一。同时，无人机也正在向民用方向发展。20世纪末，无人机发展进入了一个新时期，并先后形成三次发展浪潮（第一次是海湾战争后发展的战术无人机系统；第二次是波黑战争后期，以1993年美国无人机发展中高空、长航时无人机系统为标志；第三次是20世纪末期出现的以发展旅团级固定翼和旋翼机战术无人机系统为标志）。目前，世界各主要国家尽管发展方向和发展程度各异，但无不积极研制开发无人机，在进一步发展军事用途的同时又扩展到民用领域，无人机发展的高潮正在到来。但是，民用无人机的发展尚面临一系列技术和法律层面的问题。各国政府目前遇到一个难题：是专门制定针对无人机操作平台的新法律，还是沿用已有的航空条款？比如在法律层面，考虑到起草专门针对无人机的新条款需要几年的时间，而且需要不断地修订，所以沿用现有法律条款来规范无人机市场更具可行性。随着无人机民用化应用领域的开发，我国在无人机法律法规的制定方面已有了长足的进步，颁布实施了有关无人机飞行、人员培训、证照颁发、空域管理、培训资格管理及运行管理等一系列的规章制度，为无人机行业的有序发展提供了制度保障。

4.1.1 无人机法规的地位

民用无人机法律法规是无人机应用的法律保障基石，它使无人机飞行、作业等有法可依。依据《中华人民共和国民用航空法》《中华人民共和国飞行基本规则》《中国民用航空空中交通管制工作规则》《通用航空飞行管制条例》等制定了无人机相关法规，如由国务院下设中国民用航空局的相关部门根据民用无人机的发展状况，制定的相关规定与办法；中国民用航空局委托“中国私用航空器拥有者及驾驶员协会（AOPA）（图 4-1）”制定的相关规则（如《民用无人机驾驶员管理规定》，图 4-2）以及中国（深圳）无人机产业联盟（UAVIA）制定的联盟标准等，共同构筑了生产制造、适航审定、运行管理、人员训练、人员管理、证照管理等无人机的法制基础。

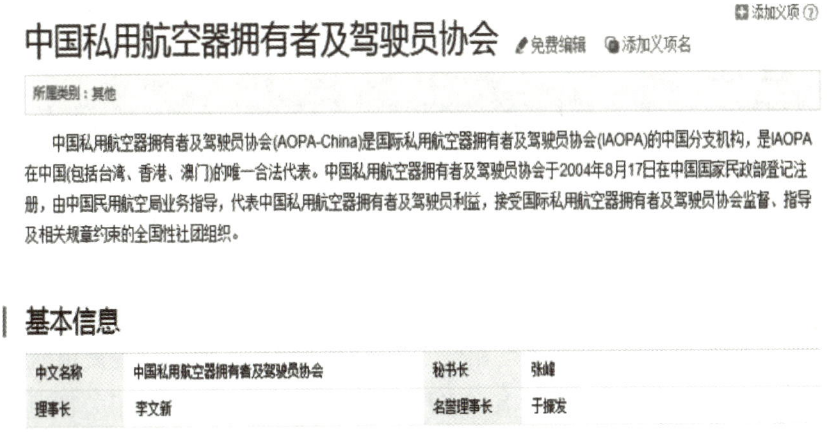
添加义项

中国私用航空器拥有者及驾驶员协会 免费编辑 添加义项名

所属类别：其他

中国私用航空器拥有者及驾驶员协会(AOPA-China)是国际私用航空器拥有者及驾驶员协会(IAOPA)的中国分支机构，是IAOPA在中国(包括台湾、香港、澳门)的唯一合法代表。中国私用航空器拥有者及驾驶员协会于2004年8月17日在中国国家民政部登记注册，由中国民用航空局业务指导，代表中国私用航空器拥有者及驾驶员利益，接受国际私用航空器拥有者及驾驶员协会监督、指导及相关规章约束的全国性社团组织。

基本信息

中文名称	中国私用航空器拥有者及驾驶员协会	秘书长	张峰
理事长	李文新	名誉理事长	于振发

图 4-1 AOPA-China

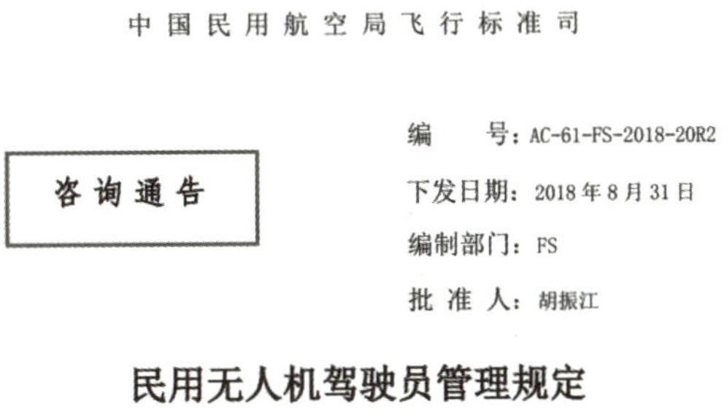
中国民用航空局飞行标准司

编 号：AC-61-FS-2018-20R2

咨询通告

下发日期：2018 年 8 月 31 日

编制部门：FS

批 准 人：胡振江

民用无人机驾驶员管理规定

图 4-2 民用无人机驾驶员管理规定

4.1.2 无人机法规的作用

无人机法规用来规范民用无人机适航性设计、生产、运行以及从业人员的训练、管理等。

汽车的行驶，要遵守规则，各行其道，听从指挥，否则轻者造成交通拥堵，重者发生交通事故甚至车毁人亡，可见遵守规则的重要性。无人机的飞行也一样，要遵守相关无人机的规则。

无人机的无序飞行曾经多次造成延误航班、干扰通信、损坏财物、误伤人员等事故，造成了不可估量的损失。当前我国政府为保证无人机的飞行安全，使之能够安全飞行，有序作业，依据相关规定制定了多部相关规定、办法，对无人机的飞行进行有序管理。这些规定、办法包括为什么要进行飞行管制、依据什么进行管制、如何进行管制等方面的内容，规定了什么样的无人机在什么情况下飞行必须要进行空域申请，什么情况下必须得到相关航管部门批准后才能飞行等。

4.2 无人机法规的特性

民用无人机法规具有独立性、综合性、平时性和国际性等特性。

4.2.1 独立性

无人机法规的独立性是指无人机的法规自成一类，形成一个独立的法律体系。

无人机的相关法规仅适用于民用无人机的生产、适航、运行及人员管理等，不适用于有人航空器及国家和军事航空器。当然，独立性是在继承基础上的独立，是在联系基础上的独立，没有联系与继承的独立是不存在的。

民用无人机的相关法律、规章来源于民用航空法及其相关的规章制度，具有一定的继承性和从属性。例如《低空空域管理使用规定》参考《中华人民共和国民用航空法》《中华人民共和国飞行基本规则》《通用航空飞行管制条例》以及军方的相关管理规定制定，同时，民用无人机的空域管理又有其独有属性，其管理的空域是真高1000m以下的区域，并且根据情况不同按照"管制空域""监视空域"和"报告空域"以及"目视飞行航线"等进行了分类，所以无人机的法律法规具有其独立性。

4.2.2 综合性

综合性是指将不同部分、不同事务的属性合并成为一个整体的特性。

无人机法规是调整无人机生产、运营及其相关领域中产生的社会关系的各种法律手段，这些手段纵横交错，法律调整方法多种多样。

无人机法规的综合性主要体现在涉及的法律既有民用航空的相关法律法规，还有宪法、气象法、国家安全法、民法、刑法、治安条例等方面的内容，涉及社会关系的方方面面，因此无人机的相关法律具有将相关法规进行融合的综合性。

4.2.3 平时性

平时性是指无人机的相关法规仅用于调整和平时期民用无人航空活动及其相关领域产

生的社会关系，如果遇战争或国家处于紧急状态，民用无人航空则要受到战时法令或紧急状态下的非常法的约束。

4.2.4 国际性

国际性体现在法律法规来源的国际性。由于民用无人机在全球范围内发展迅速，国际民航组织已经开始为无人机系统制定标准和建议措施（SARPS）、空中航行服务程序（PANS）和指导材料，并且多个国家发布了管理规定。我国无人机法律法规的制定既参照了其他国家或国际组织的相关条文，如美国联邦航空管理局（FAA）颁布的107部规章等，也结合了相关的判例等，因此说无人机法律法规具有一定的国际性。

4.3 无人机法规的分类

无人机法规主要分为运行规则类、人员类和训练类三大类。在这三大类中，人员及训练机构的资格审定是重中之重，是保证无人机运行的前提。

资格是参加某种工作或活动所应具备的条件或身份；是为获得某一特殊权利而必须具备的先决条件；是从事某种活动时间长短所形成的身份。就像开车必须取得驾驶执照、医生从业必须取得执业资格一样，无人机驾驶也属于特殊行业，因此依据《民用无人机驾驶员管理规定》规范了无人机驾驶员的资格审定，规定了飞什么样的无人机必须要经过什么样的理论培训和专业培训，培训合格并取得执照的人员才能够操控该级别的无人机。

根据我国民航局2015年4月23日发布的《关于民用无人机驾驶员资质管理有关问题的通知》，自2015年4月30日起，由中国航空器拥有者及驾驶员协会（简称"中国AOPA"）按照相关法律、法规及规范性文件，负责在视距内运行的空机质量大于7kg以及在隔离空域超视距运行的无人机驾驶员的资质管理。民航局飞行标准司负责对中国航空器拥有者及驾驶员协会的管理工作进行监督和检查。目前，中国AOPA组织审定全国无人机驾驶员训练机构，并为无人机驾驶员颁发执照。

就像培养驾驶员的驾校一样，培养无人机的驾驶员与机长的培训资质同样有着严格的要求。根据《民航空法》和《一般运行和飞行规则》（CCAR-91部）及《民用无人机驾驶员管理规定》（AC-61-FS-2018-20R2）制定了《民用无人机驾驶员训练机构合格审定规则》（ZD-BGS-004-R4）（图4-3）。《民用无人机驾驶员训练机构合格审定规则》自2014年5月18日由中国航空器拥有者及驾驶员协会无人机专家委员会会议通过至今，先后经过四次修订。2016年2月29日进行了第一次修订，2016年9月30日进行了第二次修订，2017年4月12日进行了第三次修订，2018年3月29日进行了第四次修订，规范了民用无人机驾驶员训练机构的合格审定和管理工作，规定了颁发民用无人机驾驶员训练机构（以下简称驾驶员训练机构）临时执照、驾驶员训练机构执照和相关课程等级的条件和程序，以及驾驶员训练机构临时执照、驾驶员训练机构执照和相关课程等级的持有人应当遵守的一般运行规则等方面的问题，为保证无人机各类人才的培训质量从源头上进行了把关。

图 4-3　民用无人机驾驶员训练机构合格审定规则

4.3.1　运行规则类

运行规则类法规主要规定了无人机在运行时需要遵守的规章、规定，主要是关于无人机运行的空域审批与管理等。此外，国家陆续颁布的规定与办法主要还有 2003 年颁布的《通用航空飞行管制条例》、2009 年颁布的《民用无人机空中交通管理办法》、2013 年颁布的《通用航空飞行任务审批与管理规定》、2014 年颁布的《低空空域使用管理规定》、2015 年颁布的《轻小无人机运行规定（试行）》、2016 年颁布的《民用无人机空中交通管理办法》。

《通用航空飞行管制条例》规定了从事民用航空飞行活动的条件（首先必须取得资格，其次必须接受飞行管制部门的管理，并且预先进行空域审批、飞行计划审批，获得飞行管制部门同意后方可运行），以及相关的罚则等内容。

《低空空域使用管理规定》主要规定了真高 1000m 以下区域内，无人机运行时的空域管理内容，主要包括无人机飞行空域分类划设的依据、原则、权限报备，空域准入使用的条件、空域的类型、空域使用的时限、空域调整的权限、调整的时限及临时空域关闭的权限，飞行计划审批报备的受理内容、部门、审批程序、时限及飞行计划报备与实施，相关服务保障建设及人员培训和行业监管和违法违规飞行查处等内容。

《通用航空飞行任务审批与管理规定》主要规定了无人机允许飞行的条件、飞行的范围、飞行任务申请的时间、内容以及相关管理审批的机构等内容。

《民用无人机空中交通管理办法》主要规定了空域使用范围、运行安全评估管理，空中交通服务的空中隔离空域的划设及其安全评估，无线电的使用与管理等内容。

《轻小无人机运行规定（试行）》是依据《一般运行和飞行规则》（CCAR-91 部）制

定的规定。它主要规定了低空、慢速、微轻小型无人机运行的适用范围及分类等内容，包括无人机的分类，相关定义；民用无人机机长的职责和权限；民用无人机驾驶员资格要求；民用无人机使用说明书；禁止粗心或鲁莽的操作；摄入酒精和药物的限制；飞行前准备；限制区域；视距内运行（VLOS）；视距外运行（BVLOS）；民用无人机运行的仪表、设备和标识要求；管理方式、无人机云提供商须具备的条件、植保无人机运行要求、无人飞艇运行要求，以及废止和生效等内容。

4.3.2 人员类

人员是指从事无人机运行的相关人员，包括驾驶员、机长、运营人等。为便于有效地管理和提高有关从业人员的素质，中国民用航空局飞行标准司于2018年8月31日发布了《民用无人机驾驶员管理规定》。《民用无人机驾驶员管理规定》主要用于民用无人机系统驾驶人员的资质管理，主要内容包括术语定义、管理机构，无人机系统驾驶员的自行管理、行业协会管理以及局方管理的具体规定和要求。此外，对人员管理的法规还有《颁发无人机驾驶员执照与等级的条件》《民用无人机驾驶员飞行经历记录本填写规范》《民用无人机驾驶员理论考试一般规定》《民用无人机驾驶员实践考试一般规定》《民用无人机驾驶员实践考试标准》《民用无人机驾驶员实践考试委任代表管理办法》《民用无人机驾驶员考试点管理办法》等。

4.3.3 训练类

为了提高训练机构的训练质量，规范无人机驾驶员训练秩序，规范训练标准，也为了使民用无人机驾驶员训练机构的合格审定和管理工作有法可依，根据《中华人民共和国民用航空法》《轻小无人机运行规定（试行）》《民用无人机驾驶员管理规定》和《民用无人机驾驶员合格审定规则》制定了《民用无人机驾驶员训练机构合格审定规则》。该规则由中国航空器拥有者及驾驶员协会于2018年3月29日第四次修订发布。

《民用无人机驾驶员训练机构合格审定规则》主要确定了规则的适用范围，主要包括合格审定和持续监督；颁发驾驶员训练机构临时执照的条件；颁发驾驶员训练机构执照的条件；考试权；驾驶员训练机构训练规范和课程等级；申请、受理、审查和决定；执照的内容；训练规范的内容；执照和考试权的有效期；执照的展示、广告限制、业务办公室和运行基地；执照和训练规范的更新、限制和行政措施；训练课程和科目；运行规则和罚则等相关内容。

4.4 无人机立法的发展历程

我国民用无人机的立法发展历程经历了萌芽时期、形成时期、完善时期三个阶段。

下面分别就国外立法与发展、国内立法与发展以及无人机法规与民航相关法规的关系进行介绍。

4.4.1 国外立法与发展

由于民用无人机在民用领域发展较晚，各国关于民用无人机的监管规则都处于起步阶段。对民用无人机应该采用什么样的监管政策，目前仍处于激烈的博弈之中。支持宽松监管的主要是使用商家和生产商，他们认为对无人机严格监管不利于民用无人机的发展；而支持严格监管的一方认为，从公共安全考虑，必须从严监管无人机。

英国现行的无人机管理办法由英国民航局制定，禁止无人机接近繁忙航道的150m附近范围；无人机必须距离其他航空器至少50m以上；禁止使用重量超过20kg的无人机，不足20kg的无人机可以在操纵者视线范围内使用。

法国曾发生多起身份不明的微型无人机夜闯巴黎事件，法国政府采取了多项反击措施加以控制。比如在雷达的协助下，开展测试新型侦测拦截无人机的试验活动，以对这些非法侵扰法国领空的行为进行侦测和遏制；通过对无人机进行登记注册、强制保险，安装空中可追踪芯片，堵塞现行法规中的管理漏洞。与此同时，法国内政部和国防部加强了对恶意无人机用户的制裁力度，目前规定，在禁飞区内的无人机操控行为将被处以长达一年的监禁以及4.5万欧元的罚款。

4.4.2 国内立法与发展

我国无人机的立法经历了从无到有，从参照相关法律法规到制定专门的法律法规，再到完善有关无人机设计、生产、制造、适航管理、运行管理、人员管理与训练等方方面面的法律法规的过程，使我国的无人机法规体系不断得以完善。我国无人机的立法发展经历了萌芽时期、形成时期和完善发展时期三个阶段。

1．萌芽时期

我国民用无人机的管理最初是依据《中华人民共和国民航法》《一般运行与飞行规则》《通用航空飞行管制条例》和《中华人民共和国飞行基本规则》等对民用气球、无人机驾驶航空器等进行管理的。随着无人机应用范围的扩大，"黑飞"现象增多，影响民用有人驾驶航空器飞行及其他危及安全的行为不断增加，使得规范无人机飞行的有关规定不断出台，这一时期是无人机管理法律法规的萌芽时期。

2．形成时期

随着无人机行业的发展，为促进无人机飞行的有序进行和无人机行业的健康发展，从2009年开始，中国民用航空局陆续颁布了《民用无人机空中交通管理办法》《关于民用无人机管理有关问题的暂行规定》《民用无人机适航管理工作会议纪要》《民用无人机驾驶员管理暂行规定》《低空空域使用管理规定》《通用航空飞行任务审批与管理规定》《民用无人机驾驶员管理规定》《民用无人机空中交通管理办法》《民用无人机驾驶员训练机构合格审定规则（暂行）》《民用无人机驾驶员训练机构合格审定规则》等规章规则，形成了对无人机的飞行、空域管理、人员培训、培训资格等方面进行规范的一系列规章制度体系。

3．完善发展时期

当前虽然中国民用航空总局出台了一系列的规章制度等文件，但这些规章、规则、规定的内容比较笼统，而且对于申请流程也不明确，很多无人机操控者仍很少申请空域，"黑飞"仍然非常普遍。

据悉，中国民用航空局正在制定《无人机空域管理规定》，其主要针对民用无人机。规定内容将包括飞行计划如何申报，申报应具备哪些条件，以及在哪些空域可以飞行等。

与此同时，工业和信息化部也正在研究民用无人机企业的准入问题。关于具体内容该如何规定，行业内和法律界争议均较大。尽管困难很大，但是面对民用无人机已经在网络上热卖、民用无人机的投资和研发越来越多的形势，出台正式、明确的民用无人机监管规定迫在眉睫。这不仅是一个法律问题，更是一个安全问题。只有在我国民用无人机适航管理不断完善、适航管理要求和技术标准逐步健全、市场化运营管理合法规范的前提下，航空安全与公众利益才能得到更好的保障，我国民用无人机产业才能进入健康、快速的发展轨道。

中国民用航空局飞行标准司2018年8月颁布了《民用无人机驾驶员管理规定》，《民用无人机驾驶员训练机构合格审定规则》于2018年3月29日进行了第四次修订，使得对训练机构、驾驶人员的管理有了法规依据，但作为法律体系还有待进一步完善。

有关民用无人机的法律规定，应该至少涵盖以下内容：

1）明确民用无人机的法律属性，根据其型号进行划分，明确哪些民用无人机属于航空器，哪些属于一般动产。

2）建立民用无人机的登记管理制度，通过登记注册掌握其销售、使用、流转情况。

3）建立民用无人机的适航标准，明确其飞行的时间、空域、航线、高度等标准。

4）建立民用无人机企业的准入条件和监管规则等一系列管理规范，通过对民用无人机企业的严格监管，规范民用无人机生产市场。

4.4.3　无人机法规与民航相关法规的关系

无人机法规与民航相关法规之间既相互独立，又相互联系。相互联系是指无人机的相关法规来源于民航相关法规，同时无人机法规的制定又丰富了民用航空法规体系；相互独立是指其各自的适用对象不同，针对的客体不同。民用航空相关法规是母法，无人机的相关法规都是依据民用航空法、相关规则、条例等制定出来的，无人机的相关法规则是子法。

《民用无人机空中交通管理办法》（MD-TM-2016-004）就是依据《中华人民共和国民

用航空法》《中华人民共和国飞行基本规则》《通用航空飞行管制条例》和《民用航空空中交通管理规则》的规定，参考国际民航组织10019号文件《遥控驾驶航空器系统手册》的相关要求，由民航局空管办修订而成的。

《低空空域使用管理规定》则是依据《中华人民共和国民用航空法》《中华人民共和国飞行基本规则》《通用航空飞行管制条例》等法律法规，紧密结合我国国情军情和通用航空发展实际制定的，目的是进一步推动我国低空空域管理改革，规范低空空域管理，提高空域资源利用率，确保低空飞行安全顺畅和高效。

《通用航空飞行任务审批与管理规定》是根据《通用航空飞行管制条例》制定的。

根据《中华人民共和国民航法》和中国民用航空规章《民用航空人员体检合格证管理规则》，2015年12月29日，中国民用航空局飞行标准司对《民用无人机驾驶员管理暂行规定》进行修订后，出台了《轻小无人机运行规定（试行）》。

为了规范民用无人机驾驶员训练机构的合格审定和管理工作，根据《民用航空法》和《一般运行和飞行规则》及《民用无人机驾驶员管理暂行规定》制定的《民用无人机驾驶员训练机构合格审定规则（暂行）》，于2018年修订为《民用无人机驾驶员训练机构合格审定规则》。随着无人机越来越多地介入日常的经济活动，各种各样的问题会不断出现，法律法规也会随着不断完善，以适应管理需要。

习题

1. 无人机法规的地位与作用有哪些？
2. 无人机法规有哪些特性？
3. 无人机法规分为哪几类？
4. 无人机立法经历了哪几个发展历程？
5. 运行类无人机法规有哪些？
6. 人员类法规有哪些？

第 5 章

无人机空域管理

导读

无人机的空域管理主要从无人机空域划设的原则、划设的依据和划设的内容，空中交通管制的依据、内容和相应条款等方面，对无人机运行空域的使用与管理纳入法制化、正规化、统一化的管理之中。即由空军航空管制部门进行统一的管理，只有这样才能保证空中交通安全，保证各种航空器有序、安全运行。

无人机的空域是无人机运行的空间。目前无人机的运行高度空间规划为0～1000m。水平空间根据需要划分为管制空域、报告空域、监视空域、目视飞行航线、融合空域和隔离空域五类。

管制空域是指重点目标外围5km区域、以民航机场跑道中心点为中心的跑道两头各25km区域和跑道两侧各10km的区域。在该区域内，无人机需获得批准并持有执照方可允许运行。

报告空域是指通用机场和临时起降点10km区域，且不得划设在空中禁区边缘外20km范围内和全国重点目标外缘10km范围内；无人机运行必须是飞行计划已报备，驾驶员须持照运行。

监视空域是指位于管制空域和报告空域之外的空域。

目视飞行航线是指航空器处于驾驶员目视视距半径500m，相对高度低于120m的范围。

融合空域是指有其他航空器同时运行的空域。

隔离空域是指专门分配给无人机运行的空域，通过限制其他航空器的进入以规避碰撞风险。

教学目标

通过学习，掌握无人机空域划设的目的、划设的原则、划设的依据和划分的内容；掌握空中交通管制的含义，交通管制的内容和交通管制的法规。

5.1 无人机空域划分

5.1.1 空域划设的目的

无人机空域进行划分的目的是规范无人机的运行秩序，保证空域的合理使用，保证无人机及其他航空器的运行安全。

空域划分是在可以接受的安全范围内，为在此空域内运行的无人机提供最大限度的灵活性、机动性，最大安全间隔，并对其实施主动管制。

目前无人机不适宜进入民航空域飞行，因为无人机在可靠性、防撞规避、自主飞行、敌我识别等能力方面还远达不到有人航空器的适航性要求，因此无人机使用民用空域申请困难，协调时间长，手续复杂。当前无人机空域的申请与使用遵循《民用无人机空中交通管理办法》《低空空域使用管理规定》《轻小无人机运行规定（试行）》等规定规章，以确保无人机可以申请自己的运行空域来训练和运营。

5.1.2 划设原则

我国无人机运行空域的划设在空间上遵循"主导高空、控制中空、放开低空"的原则，即主导远程战略、高空高速、高空长航时和无人作战飞机空域的划设，控制中空、中程科研、探测、体育运动等空域；逐步开放低空、低速、民用无人机空域；在管理上坚持标准化、程序化、规范化的原则。为了更好地完成任务，一些军用无人机需要在空中做持续长航时飞行，其飞行范围可能超出受限制的军用空域，需要在民用空域内飞行。

民用无人机空域划分是航空管制工作中空域管理的重要内容，是一项复杂的系统工程，涉及面广、政策性强，需要建立一套完整和科学的管理方法。

1. 空域划设规范化

空域划设规范化是指空域划设需要依据颁布的法规、条令、条例或命令，按照规定要求对空域进行划设，并依规对无人机的运行空域实施管理。

空域划设要依据相关法规进行规范。航空法规是规范航空及航空管制人员行为的准则。法规的建立与健全是空域管理的重要保障。《中华人民共和国飞行基本规则》《中国民用航空空中交通管理规则》《低空空域使用管理规定》、中国人民解放军空军《飞行管制工作条例》、各军区空军《飞行管制区飞行管制细则》以及上级有关空域管理规定的具体文件，都是无人机空域划设的依据。

2. 空域划设程序化

空域划设程序化是指划设无人机空域时所需要的工作，诸如空域申请、立项调查、审查批准、对外公布，以及空域的更改、撤销等各个环节都有严格的依据、判定的标准和规范的程序。

空域划分要按照一定的程序进行，对无人机各类飞行空域的划设、审查、批准、备案等都有严格的程序与规范。空域申请、审核、批复、划分的程序化，能够有效提高空域使用效率，缩短整个流程所需的时间，为民用领域的大范围应用奠定基础。

3. 空域划设标准化

空域划设标准化是指对无人机空域划分的技术文件及其符号、代号等加以统一规定，并予以实施的一项技术措施。它可以使空域管理更加科学、规范和严密。

空域划设标准化可以快速对使用空域的性质做出判断，为申请空域进行快速受理、快速答复、高效率利用打下基础，同时可以促进空域知识的大众化普及。

5.1.3 划分与管理的要求

1．划分部门

空域划分是由军航、民航航空管制部门按照飞行管制区域进行的，他们依据空域管理的政策和法规、空域管理的程序和分工，负责无人机空域的设置、调整和协调等管理工作，并对管辖区域内的无人机运行空域进行直接或间接的控制。

2．划分要求

民用无人机空域划分本着空域资源利用最大化，为经济建设增添活力的目的，划分要求如下：

（1）统一规划　对无人机空域的规划按照国家规定的有关权限，协调无人机的空域需求，统一规划，有序实施。

（2）军民兼顾　严格执行《中华人民共和国飞行基本规则》和有关的空域管理规定，维护国家领空安全，合理划设和使用无人机空域，优化空域结构，改善航空器空中运行环境，兼顾军航、民航飞行的需要。

（3）分级管理　对于无人机空域，按照规定的权限审核与批准，对管辖区内的空域实行直接或间接的控制，对违反空域运行使用规定者，要查明情况，依法处理。

（4）配套建设　对无人机飞行空域，可根据无人机的性能情况，建设相应的适航设备，使无人机的飞行发挥最大的经济效益和军事效益。

5.1.4 空域划设内容

无人机空域是指专门分配给无人机运行的空域。

无人机空域划设包括水平范围、高度、飞入、飞出空域的方法，使用空域的时间，飞行活动的性质等。

无人机空域通常划分为隔离空域和临时隔离空域。隔离空域通常划设在航路、航线附近的无人机基地、试验场、常用训练场的上空；其他地区上空可以根据需要划设临时隔离空域。在规定时限内未经航空管制部门许可，航空器不得擅自进入无人机隔离空域或临时隔离空域。

无人机隔离空域或临时隔离空域与航路、航线的间隔，以及与其他飞行空域的间隔标准，可以按照空中限制区的间隔标准执行。

管制空域是指重点目标外围 5km 区域、以民航机场跑道中心点为中心的跑道两头各 25km 区域和跑道两侧各 10km 的区域。在该区域内，无人机需获得批准并持有执照方可允许运行。

报告空域是指通用机场和临时起降点 10km 区域，且不得划设在空中禁区边缘外 20km 范围内和全国重点目标外缘 10km 范围内；无人机运行必须是飞行计划已报备，驾驶员须持照运行。

监视空域是指位于管制空域和报告空域之外的空域。

目视飞行航线是指航空器处于驾驶员目视视距半径 500m，相对高度低于 120m 的范围。

融合空域是指有其他航空器同时运行的空域。

隔离空域是指专门分配给无人机运行的空域，通过限制其他航空器的进入以规避碰撞风险。

5.1.5 无人机空域规划管理

无人机空域规划和对不同飞行空域的运行需求，应当根据无人机训练大纲和运行条例的规定、飞行任务的需要，兼顾航路航线的范围和走向、机场区域的范围、野外地形、无人机部队的机型、操纵人员技术水平、通信距离、航空管制能力、机场分布情况和环境保护等因素进行。

无人机空域规划管理包括飞行航线规划、进出空域方法和飞行程序的确定。

飞行航线规划是指确定从起飞点到目标点满足无人机预定性能指标最优的飞行航线。无人机飞行航线的规划在考虑无人机的任务区域、确定的地形信息以及威胁源分布的状况和无人机的性能参数等限制条件的同时，还要考虑雷达发现的最小概率、覆盖程度，以满足无人机的最小转弯半径、飞行高度、飞行速度等性能条件。无人机飞行航线通常设置为往返飞行航线和多边飞行航线。

进出空域方法和飞行程序的确定是指无人机进入和离开空域时应遵循的方法。进出空域飞行程序的制定，除了受机场（起降点）净空、空中航路航线的限制之外，还要受到周边军航、民航使用空域的影响。机场（起降点）作为无人机飞行的起点和终点，其上空通常是航空器运行最密集的区域，航空器在这一区域中相撞的概率是最高的，因此，防相撞是无人机航空管制运行管理和空域需求划设的重点与难点。

民用无人机空域规划管理是在满足军用无人机和民航使用空域的情况下，合理划设民用无人机运行空域，促进民用无人机产业的发展。

5.1.6 低空空域管理改革

1．我国低空空域改革阶段

我国低空空域改革分为 3 个阶段：

第一个阶段试点，2011 年前完成在沈阳、广州飞行管制区试点；

第二个阶段推广，2015 年年底前，在全国推广试点成果，基本形成政府监管、行业指导、市场化运作、全国一体化的低空空域运行管理和服务保障体系；

第三个阶段深化，至 2020 年底，建立起科学的空管理论体系、法规体系、运行管理体系和服务保障体系，实现低空空域资源充分开发和有效利用。

2. 我国低空空域改革发展

2010 年，国务院、中央军委出台了《关于深化我国低空空域管理改革的意见》，将我国真高 1000m 以下的空域分为三类：管制空域、监视空域和报告空域，实行分类管理。

管制空域，需要提前申请并接受航管部门管制指挥；

监视空域，仅需备案，确保雷达看得见、能联系上；

报告空域，则类似于自由飞行，但需要报告起降时间。

同时对以上三类管理，分别在沈阳、广州两大管制区，以及唐山、西安、青岛、杭州、宁波、昆明、重庆七个管制分区共 9 个试点区域试行。除试点区域外，国内其他地区的空域都属于管制空域。

2011 年被誉为中国的"通用航空元年"，从国家"十二五"规划纲要至各地通航规划，均释放出发展通用航空的强烈政策信号。

2012 年，通航产业发展势头强劲，但业界预期的通航政策集中爆发的情况并未出现。直至 2012 年底，通航政策开始密集出台，如《通用航空发展管理资金专项管理办法》、修订后的《引进通用航空器管理暂行办法》等，对通用航空作业、通航培训、通航机场建设、通航器材引进等进行补贴和支持。2013 年 11 月 6 日出台的《通用航空飞行任务审批与管理规定》更是为通航产业注入了一剂强心针，提出除 9 种特殊情况外，通航飞行任务将不再需要办理任务申请和审批手续。"这个政策的出台是标杆性的，给了通航发展一个明确的预期，从而对后续政策的出台给予了更大期待。"

2013 年，通航领域动作更为频繁。当年 8 月，工信部出台《民用航空工业中长期发展规划》，提出积极发展通用航空产业；10 月中旬，民航局成立通用航空产业领导小组，颁布《促进公务航空发展意见》；11 月 6 日，《通用航空飞行任务审批与管理规定》发布。此规定明确指出，国务院民用航空主管部门负责通用航空飞行任务的审批，军方将不再直接参与，意味着通航飞行审批手续将大大简化。

2013 年我国通用航空的飞行总量达到 60 万小时，通航飞机保有量约 1600 多架；分别较上一年增长约 16% 和超过 20%。这两项数据约是美国的 3% 和 0.7%，可见我国通用航空发展空间之巨大。

"2014 通航与媒体交流论坛"发布的《2013 年中国通用航空发展报告》显示，截至 2013 年底，我国通用航空机队在册总数为 1654 架（具），比上年增长 23.2%。而 2011 年我国通航飞机数量是 1154 架，2012 年是 1316 架，同比增加 152 架，增幅也高达 16.29%。据美国通用航空制造商协会（GAMA）统计，2013 年全球通用飞机交付数量为 2256 架，其中 338 架销往中国也就是说，全球通用飞机中有近 15% 卖到了中国（这还不包括进入中国但未注册的飞机）。这仅仅是中国通用航空的起步阶段，基数只有1650余架，相比于美国通航机队的22万架，中国通用航空的市场发展空间可谓巨大。

2014年5月，我国首条低空航线珠海—阳江—罗定正式通航，标志着我国低空空域改革进入实际阶段。同年11月21日全国低空空域管理改革会议召开，该会议审议了《低空空域使用管理规定》等四个管理办法。时任国务院副总理、国家空管委主任马凯指出，要最大限度盘活低空空域资源，促进通用航空产业快速健康发展，为国家经济社会发展等做出更大贡献。

2015通航发展峰会上，柯玉宝（现任中国航空器拥有者及驾驶员协会执行秘书长、无人机管理办公室主任）发布了《中国无人机报告》，并且表示，将要出台的《轻小无人机运行暂行规定》有望对25kg以下的无人机豁免适航。12月29日中国民用航空局飞行标准司发布咨询通告《轻小无人机运行规定（试行）》，规范无人机的运行。规定的适应范围是可在视距内或视距外操作的、空机重量小于等于116kg，起飞全重不大于150kg、校正空速不超过100km/h；起飞全重不超过5700kg，受药面高度不超过15m的植保类无人机；充气体积在4600m³以下的无人飞艇；适用于无人机运行管理分类；不适用于无线电操作的航空模型，但其使用了自动驾驶仪、指令与控制数据链路或自主飞行设备时，则适应本规定；不适用于室内、拦网内等隔离空间运行无人机，当运行场所有聚集人群时，操作者应采取措施确保人员安全。

当前影响国内通航发展的瓶颈包括军方空域管制、基础设施不足、专业人员匮乏、民众通航认知度低、通航企业发展水平低等，其中军方空域管制、基础设施不足最为关键。

5.2 空中交通管制

5.2.1 空中交通管制的含义

空中交通管制是指航空管制部门利用技术手段对无人机运行的飞行计划、飞行区域、飞行高度等运行情况进行管理和控制。

空中交通管制的目的在于防止无人机与空中飞机和地面障碍物相撞，并有效地利用空域，安全地加速空中交通运输。

空中交通管制的内容包括空中交通管制业务、飞行情报和告警业务。

空中交通管制的任务是维护空中秩序，确保飞行安全，防止航空器相撞，防止机场及其附近空域内的航空器与障碍物相撞；保障空中交通畅通，保证飞行安全和提高飞行效率。

空中交通管制服务的主体是指具备空中交通管制服务资格并提供空中交通管制服务的单位和人员。

空中交通管制服务的单位有机场塔台及空中交通管制室（图5-1）、空中交通服务报告室、进近管制室、区域管制室、民航地区管理局调度室和民航总局空中交通管理局总调度室。

空中交通管制服务人员有空中交通管制员、空中航行调度员、飞行签派员和航行情报员。

图 5-1　机场塔台及空中交通管制室

空中交通管制通常采用程序管制与雷达管制两种方法。

无论是程序管制还是雷达管制,都是为了加强对无人机运行的管控,维护空中秩序,确保飞行安全。对无人机的空中交通管制必须注重无人机飞行的动态控制。

无人机飞行单位、个人应当与空管部门建立有效的沟通协调机制和顺畅的协同通报关系,对无人机及其飞行活动实施联合管理,改变当前无人机飞行秩序混乱的状况,促进我国空管改革的深入推进和无人机应用的健康发展。

无人机空中交通运行管制的内容主要包括运行动态掌握、无人机安全间隔服务、无人机运行应急处理、无人机违规运行查处和无人机空中管制保障与协调等。

5.2.2　无人机运行动态掌握

无人机运行动态掌握是指运用行政与技术手段随时掌握无人机的运行状态、运行轨迹及运行人员等信息。

由于无人机体积较小、材料各异、雷达截面积小,不能形成清晰的电子特征,且没有装配二次雷达应答设备,空管部门通过操控员对无人机在管制空域内实施飞行活动的管理方式实质上是雷达监视条件失效下的程序管制。

当无人机偏离预定空域或航线、出现空中故障、失去控制或其他特殊情况,威胁空中飞行安全时,空管部门通常难以采取实时、有效的管制措施。因此,在当前空管运行条件下,无人机空中交通管制必须从掌握无人机的飞行计划、建立协同通报关系、监控无人机的运行情况、自控与运行数据监控等处着手,维护无人机飞行时的空中交通秩序。

1. 掌握运行计划

掌握无人机运行计划是指空管交通管制部门应当及时掌握所辖飞行管制区域内详细的

无人机飞行计划。

根据《低空空域使用管理规定》，无人机运行单位、个人或者操控员应当至少提前7个工作日向相关管制部门通报详细的无人机运行计划申请。

无人机运行管制区域内的飞行计划申请，应在起飞前4小时提出，审批单位需在起飞前2小时批复；

在飞行管制区内的，应在起飞前8小时前提出，审批单位需在起飞前6小时前批复；

超出飞行管制区的，应在起飞前1天15时前提出，审批单位需在起飞前1天18时前批复；

执行紧急飞行任务，应在起飞前30分钟提出申请或边起飞边申请，审批单位需在起飞前10分钟或立即答复。

飞行计划申请的内容包括：航空用户名称、任务性质、航空器型别、架数、机长姓名、航空器呼号、通信联络方法、起降机场（起降点）、备降机场、使用空域（航线）、飞行高度、预计飞行起止时刻、执行日期等。

无人机飞行单位、个人或者操控员在飞行实施前，应当再次同空管部门核对当日飞行计划及批复情况，进一步确认飞行许可。

2. 建立协同通报关系

建立协同通报关系是指无人机飞行单位、个人、无人机操控员与其他相关空管部门应建立顺畅的航情交流协同关系。

在有条件的情况下，无人机飞行地面控制站或无人机操控员应当与空管部门建立专用的有线通信线路；无人机飞行场地与管制部门距离较远，难以建立有线通信时，操控员可利用无线话音电台与管制部门沟通联络；当无线电台覆盖不到相关管制部门时，操控员应当利用一切可能的办法与管制部门建立联络关系；当无人机执行保密任务时，应当建立保密信道，使用保密信道相互联络或者在管制部门的授权下自主操控无人机。无人机操控员应当及时向相关管制部门通报起飞降落时刻和飞行计划执行情况，如遇特殊情况，需要临时更改飞行计划，如飞行空域、航线、活动高度范围等，应当及时向管制部门提出飞行计划变更申请。管制部门按需向首长、本地指挥机构相关分队、相关的军民航空管制部门通报无人机飞行计划内容、飞行实施情况和飞行动态；向无人机操控员通报与无人机飞行空域、航线相关的飞行计划和飞行动态，妥善处理特殊情况。

3. 监督飞行活动

监督飞行活动是指空管部门利用空管一次、二次雷达、引接空防部门与无人机飞行单位的监视信息和空管自动化设备监视无人机飞行活动，核对其飞行计划与实际飞行航迹、位置是否一致的活动。

在有条件的情况下，空管部门应利用建立的有线通信设备及配备的短波、超短波电台同无人机操控员进行定期的沟通联络，掌握无人机的空中位置。

当无人机活动超出雷达监视范围和无线电台覆盖范围时，操控员应当利用一切可能的办法与管制部门建立联络关系，以便管制部门掌握无人机飞行情况。

当无人机执行保密任务时，飞行单位应当至少将飞行时间、使用空域的情况及时通报相应的空管部门，使用保密信道相互联络或者在管制部门的授权下自主操控无人机。

管制人员在值班工作中，应当根据无人机飞行特点，综合考虑无人机飞行情况和管辖区域内其他飞行情况，及时发现潜在的飞行冲突，在必要的情况下，直接向操控员下达管制指令，调整无人机位置、飞行空域或航线，消除飞行冲突，维护飞行秩序。

4．基于广播式自动相关监视（ADS-B）技术的无人机运行管理

基于 ADS-B 技术的无人机飞行管理是指由机载 ADS-B 设备、ADS-B 地面站和管制中心系统 ADS-B 地面站共同实现对无人机运行的管理。

机载 ADS-B 设备可以将无人机和空中附近其他飞机的识别信息及航行诸元下传至管制中心系统和 ADS-B 地面站。空管部门和无人机操控员之间可以通过地面 ADS-B 设备相互发送 ADS-B 报文，也可以对无人机进行实时监视和发送指挥引导指令。一般情况下，无人机操控员对无人机进行指挥引导；空管部门通过 ADS-B 报文向操控员发送空中交通信息服务广播（TIS-B）和飞行信息服务广播（FIS-B）信息。广播的内容如下：

（1）基本 ADS 位置报告　管制中心系统 ADS-B 地面站和无人机 ADS-B 地面站能够接收无人机周期下传的空中识别信息和航行诸元信息，并对信息进行解码、格式转换，达到对无人机空中活动的实时监视。

（2）空中交通信息服务广播　管制中心向地面无人机操控员发送必要的空中交通监视信息，以便操控员全面掌握空域使用状况，合理安排无人机的空中位置、高度和航段。

（3）飞行信息服务广播　空管部门向无人机操控员发送必要的气象和飞行情报等信息，使无人机操控员能够掌握起降地带、空域、航线的气象状况和空域使用限制条件。

5．运行数据监测

运行数据监测是指利用无人机云系统，实现对无人机运行数据的动态掌握。无人机云系统能向无人机用户提供航行、气象等服务，对民用无人机运行数据（包括运营信息、位置、高度和速度等）进行实时监测。接入系统的无人机能及时上传飞行数据，并且无人机云系统对侵入电子围栏的无人机具有报警功能。

5.2.3　无人机安全间隔服务

无人机安全间隔服务是指利用技术和人工的方法为运行的无人机提供飞行间隔、空域间隔、航线间隔、安全报告及自主间隔等防撞安全措施。

防止无人机空中相撞是无人机空管工作的基本任务之一，其根本措施是为无人机提供

飞行间隔服务。

1. 飞行间隔服务

飞行间隔服务是指为了安全需要，对飞行空域、航线中的无人机与无人机、无人机与有人航空器、无人机与地面障碍物之间提供安全间隔服务。飞行间隔服务分为人工间隔服务和无人机自主间隔控制两种方式。

（1）人工间隔服务　人工间隔服务是指飞行管制人员利用飞行计划、无人机飞行单位、个人、操控员的自主安全报告和有人航空器飞行人员的发现报告，对无人机飞行空域、航线配备安全间隔，使无人机与无人机、无人机与有人航空器、无人机与地面障碍物之间符合安全间隔标准。

（2）自主间隔控制　自主间隔控制是指通过无人机机载设备（如感知—避让设备），自动探测飞行冲突和地面障碍物，自主为无人机与无人机、无人机与有人航空器、无人机与地面障碍物之间提供安全间隔。

在能够提供安全的人工间隔服务的情况下，可关闭无人机自主间隔控制功能。

无人机飞行和有人航空器飞行一样应遵守靠右飞行的规则。

在仪表飞行条件下，无人机与其他有人驾驶航空器的间隔应当按照管制指令，使用有人驾驶航空器的间隔标准。

在目视飞行条件下，无人机操控员应当提供目视安全间隔，并对防相撞工作负责。

如果不能保证无人机与其他有人驾驶航空器之间的安全间隔，应当使无人机在隔离空域内飞行，在进行无人机投放和回收时应当对起降地带空域进行净空处理。

2. 空域间隔服务

空域间隔服务是指从事无人机飞行的单位、个人，根据飞行活动要求，需要使用机场飞行空域或需要划设隔离飞行空域的，应当在提交飞行计划时，一并提交空域使用申请的服务。

空域使用申请应当包括下列内容：飞行空域类型；飞行空域的水平范围、高度；飞入和飞出飞行空域的方法；飞行活动性质以及其他有关事项。

无人机在划设空域进行飞行活动时，应按照空域划设类型接受相应的空管服务，飞行空域与其他飞行空域的间隔按照有人航空器空域间隔规定配备。无人机飞行单位、个人需要使用机场飞行空域或划设隔离飞行空域时，空管部门通常不得在一个划定为无人机活动的空域内同时为无人机和其他有人驾驶航空器提供空管服务，应当尽量避免无人机与其他有人驾驶航空器在同一空域内飞行。在隔离空域内进行无人机飞行活动，由从事无人机飞行活动的单位或个人负责组织实施，并对其安全负责。

3. 航线间隔服务

航线间隔服务是指无人机飞行单位、个人因活动需要，要求使用固定航线或要求划设临时飞行航线时，应当在提交飞行计划时，一并提交航线飞行申请的服务。

航线飞行申请的内容包括：加入和退出航线的位置和方法；气象条件；位置报告点及预定到达时间；飞行高度以及其他有关事项等。

无人机进行航线飞行活动时，必须接受空管服务，航线间隔按有人航空器仪表飞行条件下的航线间隔规定配备。

无人机飞行单位、个人申请使用固定航线或临时飞行航线时，空管部门通常不得在同一条无人机飞行航线上同时为无人机和其他有人驾驶航空器提供空管服务，应当尽量避免无人机航线同其他有人驾驶航空器的航路航线交叉。

无人机飞行单位、个人组织飞行活动需要穿越或加入机场飞行空域、航路、航线及特殊飞行空域时，应按照有关规定向空管部门在其飞行计划申请中额外说明穿越或加入的地段、高度和时间范围。

4. 安全报告

组织实施无人机飞行的单位或个人应当具备监控或者掌握无人机飞行动态的手段，同时在实施飞行活动过程中与相关空管部门建立可靠的通信联系，及时通报情况，自觉接受空中交通管制。当发生无人机飞行活动不正常并且可能影响飞行安全和公共安全时，组织无人机活动的单位或者个人应当立刻向相关空管部门报告。

有人航空器飞行人员发现无人机飞行活动，应当及时向相关空管部门报告。空管部门发现区域内有无人机活动或者收到相关报告，应当向管制区内的有人驾驶航空器通报无人机活动情况，必要时提出避让建议，并按通报关系向相关空管部门报告。

5. 自主间隔控制

有人航空器依靠雷达、防撞程序、应答机以及飞行员目视来避免空中相撞。无人机只能依靠先进的技术来感知、规避空域内或航线上的各种障碍物。无人机与其他有人驾驶航空器自主保持安全间隔的能力必须至少达到目前有人驾驶航空器的标准，并且应能按规定进行"感知和规避"，以保持安全间隔。

无人机通过机载导航系统或无人机地面设备获得航空器识别信息、无人机本身和周围空域内有人驾驶航空器的信息，经过机载设备或地面设备的数据处理，实现对周边空域及其他有人驾驶航空器航行诸元信息感知，使无人机自主实施冲突探测与规避、飞行路径选择和保持安全间隔。目前，国内无人机机载或地面设备仅满足于基本的飞行要求，设备性能与空管的适航要求还有很大差距，基本不具备自主间隔控制能力。

5.2.4 无人机运行应急处理

无人机运行应急处理是指针对无人机运行过程中出现的危及飞行安全的特殊情况进行的处理。

由于无人机在类别、系统性能上与有人驾驶航空器存在较大差别，空管部门无法准确掌握无人机的飞行精度和可靠性。即使在隔离空域运行的情况下，无人机飞出隔离空域与其他有人驾驶航空器构成冲突的可能性也比较大。另外，运行人员就是无人机的"飞行员"，他们决定无人机的空中飞行活动。

由于无人机起飞、着陆、巡航方式等差异较大，各种操控方式对人员技术要求也不尽相同。当前运行人员的知识水平、技术水平参差不齐，一方面影响无人机的操控准确性，另一方面运行人员的法规意识淡薄，不了解空中交通的要求和空中运行规则，飞行活动随意性大，容易对空中交通系统、公共安全、飞行安全造成意外的影响。如何对运行中出现的意外情况采取正确措施并妥善处置，是确保无人机飞行时空中安全的关键。

飞行中的特殊情况是指突然发生的直接或间接危及飞行安全的情况。特殊情况处置的基本原则是快速、准确、果断。

无人机飞行出现特殊情况时，空管部门应当立即组织其他航空器避让，开放有关的通信、导航、雷达设备，协助无人机操控员按照有人驾驶航空器的应急程序组织无人机归航或回收，尽量避免无人机降落在人口密集区域，减少人员及财产损失。无人机操控员是进行无人机紧急情况处理的责任主体，在实施飞行计划前，操控员应当做好无人机飞行应急处理预案，建立相关的应急处理程序。

无人机没有按照预定计划飞行，偏出空域或偏离航线时，空管部门应当组织空中其他航空器净空或采取避让措施，协助无人机操控员按照有人航空器归航程序，帮助无人机归航。若无人机失去控制，应当启动无人机应急程序，采取一切措施保障飞行空域安全。

无人机飞行出现紧急情况尚受控制，空域拥挤或其他情况造成不能及时着陆时，空管部门应协助操控员将无人机应急机动至预定空中盘旋区，并组织净空或避让，或者选择就近的陆地迫降场或水上迫降场实施迫降。

无人机飞行失去控制时，操控员应当及时通报空管部门，通报内容包括最后的位置、高度、速度及其他重要信息；空管部门立即将该情况通报给空中其他航空器，组织净空或避让，必要时安排有人驾驶航空器升空或对空射击兵器处置失控的无人机。

无人机迫降或坠落以后，空管部门应当协助无人机操控员组织地面检查，帮助查明事故原因。

5.2.5 无人机违规飞行查处

无人机违规飞行查处是指执法部门依据相关法律法规对违规运行无人机的运行人进行处罚的措施。当前无人机违规飞行造成人员伤害、财物损坏、影响和危及有人航空器飞行安全的事故频发。为规范无人机的飞行秩序，加强对无人机的飞行监管，应对违规非法飞行行为进行依法严惩。

1. 违规原因

无人机违规飞行的原因、形式多种多样，归根到底就是规章制度不健全，运营人的法规意识淡薄。

首先，拥有无人机和从事无人机飞行活动的主体众多，既有单位、企业，又有科研院所和个人，致使无人机任意飞行的情况比较多，违规形式也多种多样。

其次，拥有无人机并从事航空活动的部分飞行单位、人员没有经过正规的培训，不知道无人机的运行需要进行空域申请与审批，甚至有的飞行人员不具备飞行资质。

再次，没有依规飞行的意识，具体原因有：对无人机运行航空法规的学习和掌握不够，法规观念不强；虽然有法规观念，但是存在侥幸心理，未经批准擅自飞行；飞行中不严格按批准的计划实施飞行。

2. 查处违规飞行的依据

对于违规飞行的处罚，在我国颁布的《中华人民共和国民用航空法》《中华人民共和国飞行基本规则》和《通用航空飞行管制条例》中有详细的规定。

《中华人民共和国飞行基本规则》中规定：凡辖有航空器的单位、个人和与飞行有关的人员及其飞行活动，必须预先申请，经批准后方可实施；组织与实施通用航空飞行活动，必须按照有关规定履行报批手续，并向当地飞行管制部门提出飞行申请。

《通用航空飞行管制条例》规定了从事通用航空飞行活动的单位、个人，必须依规取得从事通用航空活动的资格，并遵守国家有关法律、行政法规的规定。

从事通用航空飞行活动的单位、个人首先要具有飞行资质和相关飞行文书；实施飞行前，组织飞行的单位或个人，应当向当地飞行管制部门提出飞行计划申请，按照批准权限，经批准后方可实施。严禁私自组织实施飞行和飞行中不严格按批准的计划实施，以确保良好的空中秩序和军民航飞行安全。

对于违法、违规飞行，一旦发现必须严肃处理。空管部门应当与地方公安局警务航空队建立通报关系，实行军地联动，及时发现并控制违规飞行活动，共同承担维护空中安全、保持社会稳定的重大责任。

2013年12月29日中午11时，北京市公安局接报警：首都机场以东空域有一不明飞行物正在飞行，飞行高度约为700m，速度达100多km/h，严重干扰机场航班秩序。接报警后，警方迅速会同相关部门，派出直升机对不明飞行物进行追踪拦截，发现该物体为一架由航模改装的无人机，事发时系北京某公司员工遥控开展测绘作业。经查，此次飞行活动没有履行报批程序申请空域，致使首都国际机场十余班次飞机延迟起飞，两班次实施空中避让。4名涉案人员已被刑事拘留。警方提示：小型飞行器升空必须按照规定向相关部门报批。未经批准，任何企业、个人不得私自组织相关飞行活动。一经发现，将依法追究有关单位和个人的法律责任。（2013年12月31日07:50:30，来源：北京青年报。）

再如，2013 年 12 月 29 日 11 时 28 分，北空本级指挥所接到所属某雷达旅上报的紧急空情"××机场东北 30km 处，发现不明空情！"后，立即命令北空某航空兵师多个团指挥所及地空导弹兵多个师、团做好战斗准备，并派出 6 支地面小分队前往目标出现区域查明情况。

11 时 34 分，北空指挥所研判目标为小型航空器，并将情况上报空军、北京军区，通报北京市、河北省公安部门。随后，一架武装直升机悄然起飞，对目标展开查证。

数分钟后，空中分队发现目标为一架白色无人机，属性不明、企图不明。武装直升机随后采取了一系列警告措施，目标无视警告，继续向首都方向飞行，对首都空防安全构成威胁。

12 时许，为防止目标进入首都机场、闯入北京市空中禁区，北空首长果断下决心：避开人口稠密区，使用霰弹枪对目标实施攻击。

接到命令后，空中分队占据有利位置，使用霰弹枪对目标实施攻击，命中目标，无人机盘旋滑落于北京市平谷区某地。武装直升机随即发现，地面有 3 名运行人员和 1 台车辆。

随后，北空地面小分队、公安部门警力迅速赶赴现场，及时控制地面人员、车辆和违规飞行器。事后查明，此事件为北京一家科技公司组织的航拍，既未向民航部门申报任务，也未向北空申请飞行计划，属擅自违规飞行，导致多架次民航飞机避让、延误。

近年来，因民用航空器无序飞行导致的首都地区异常不明空情屡屡发生。每查处一起这样的空情，北空需组织 10 余个团以上指挥机构和诸多地空导弹发射装置转入战斗状态，数架战机升空处置，期间往往导致数架至十几架民航航班改航或绕飞，给国家资源造成了巨大浪费。

上述案例中的无人机的违规活动主要体现在四个方面：一是没有进行空域审批；二是没有进行飞行计划审批报备；三是未经批准擅自飞行；四是不服从管制指挥指令。

处理结果：军方直接将进行违规运行的无人机击落；地方公安也对从事违规飞行活动的人员进行了行政拘留和罚款。

5.2.6 无人机空管保障与协调

无人机空管保障与协调是指空管部门提供通信、导航、监视、航行情报、间隔配备、飞行情况通报、管制协调与移交、特殊情况的处置等无人机运行保障与协调服务。

组织实施无人机飞行时，无人机飞行单位、个人和操控员应当与空管部门建立双向通信联络；操控员直接指挥无人机飞行，并对飞行安全负总责；无人机飞行接受空中管制服务时，操控员应与管制部门保持畅通的双向联络，与空管部门进行无线电通话时应使用标准用语。

1. 通信、导航、监视、航行情报服务

通信、导航、监视、航行情报服务是指空中交通管制部门应当保持同无人机操控员之间的通信联络，协助提供相应的地空通信导航服务和空中监视信息，满足无人机空中安全间隔保持和冲突规避的需要。同时，还负责提供气象情报等航行情报服务，如天气情况、气象预报等，使其能够按照规定的气象条件起飞、着陆和巡航飞行。无人机运行人员根据适航标准和气象标准等条件最终确定能否飞行，并对此次决定负责。

2．间隔配备服务

间隔配备服务是指空中交通管制部门根据区域内空域使用情况，对无人机使用机场飞行管制空域、隔离飞行空域、固定航线、临时航线飞行时的间隔，由空管部门按照有人驾驶航空器飞行相应的间隔标准提供配备服务，以保证无人机的运行安全。

3．飞行情况通报服务

飞行情况通报服务是指空管部门应当向无人机驾驶员提供相关空域的飞行计划，通报相关无人机飞行动态和空域使用情况。对于军民合用机场，空管部门应当告知相关的民航航班进离场计划及其飞行动态。无人机操控员根据有人驾驶航空器飞行的位置、高度范围及时发现无人机与有人驾驶航空器之间可能的飞行冲突，并指挥无人机避让有人驾驶航空器。

4．管制协调与移交服务

管制协调与移交服务是指空管部门应当随着无人机运行的进程，将无人机飞行计划、关键的空中位置点、飞行高度等飞行动态和飞行情报及时通报给需要进行协调的空管部门，以便相关空管部门能够及时掌握情况，并有足够的时间进行空中状况分析和相互协调。

5．特殊情况的处置

特殊情况的处置是指空管部门协助从事无人机飞行的单位或个人做好勤务保障。当无人机运行过程中出现意外情况时，空管部门适时组织机场后勤、通信、导航、雷达、气象等部门协助无人机飞行及其保障人员做好勤务保障，保障无人机的安全着陆。

6．管理模式探索

随着国家空管统一管制模式改革的持续推进，所有航空器必须统一纳入国家空中交通管理体系。而"低、慢、小"目标的无人机，由于其飞行活动特有的低空性、灵活机动性和低可探测性，在一段时间内将会给现行的空管体系和空防体系带来冲击。在空中秩序和空中安全受无人机影响而面临严峻形势的情况下，民航管理部门应从制度管理和技术管理两个方面着手，规范管理无人机飞行活动。基于当前无人机平台性能和空管系统能力，空管部门应当充分整合空管资源，建立健全无人机飞行活动空管制度、管理措施、管制手段及方法，实行"军民联合、军地联手"，共同抓好无人机飞行活动的组织、管理、监督和查处，充分发挥空中管制维持国家空中秩序和维护国家空防安全的作用。

5.2.7　进行无人机空中交通管制的依据

到目前为止，我国对低空低、慢、小的无人机进行空中交通管制的主要法规依据有《中华人民共和国民用航空法》《中华人民共和国刑法》《中华人民共和国飞行基本规则》《通用航空飞行管制条例》《民用航空空中交通管理规则》《低空空域使用管理规定》《中国民用航空空中交通管制工作规则》《轻小无人机运行规定（试行）》和《民用无人机空中交通管理办法》等法律、法规，具体实施管理的依据是 2016 年颁布的《民用无人机空中交通管理办法》中的规定。对于经营性无人机，依据 2018 年 6 月颁布的《民用无人驾驶航空器经营性飞行活动管理办法（暂行）》进行管理。

这些法律与法规是我国相关部门对低空运行的无人机进行管理和查处，治理空中交通秩序的主要依据。

5.3 无人机空域管理法律法规

5.3.1 《通用航空飞行管制条例》

空域是无人机运行的空间。无人机的运行以不能妨害有人航空器的运行、不能接近重要目标、不能接近军事设施、远离人员密集区等要求为准。《通用航空飞行管制条例》（以下简称《条例》）中主要从空域划设、空域批准、空域使用时限等几个方面对空域管理内容进行了规定。

空域划设是根据无人机运行需要，结合民用航空与通用航空的空域使用情况，在保证飞行安全的情况下，批准无人机运行的区域。

《条例》规定了无人机运行使用空域的具体要求，规定了无人机在"使用机场飞行空域、航路、航线"等规定的区域，飞行前必须向飞行管制部门提出申请，或批准后方可飞行。下面分别就空域划设、申请、批准及使用时限等进行介绍。

（1）临时空域划设 无人机运行需要划设临时飞行空域的，应当向有关飞行管制部门提出划设临时飞行空域的申请，申请临时飞行空域需要填写临时飞行空域的水平范围、高度，飞入和飞出临时飞行空域的方法，使用临时飞行空域的时间，飞行活动性质，其他有关事项五项内容。

在机场区域内划设临时空域，由负责该机场飞行管制的部门批准；超出机场区域在飞行管制分区内划设临时空域，由负责该分区飞行管制的部门批准；超出飞行管制分区在飞行管制区内划设临时空域的，由负责该管制区飞行管制的部门批准；在飞行管制区间划设临时空域的，由中国人民解放军空军批准。批准划设临时空域的部门应当将划设的临时空域报上一级飞行管制部门备案，并通报有关单位。

（2）临时空域申请时限 划设临时空域的申请时限是指运行人在拟使用飞行空域前多长时间向管制部门提出申请，管制部门的批复，应在运行人使用空域前一定时间内给予答复的时限。

申请时限是运营人在拟使用临时飞行空域 7 个工作日前向有关飞行管制部门提出；负责批准该临时飞行空域的飞行管制部门应当在拟使用临时飞行空域 3 个工作日前做出批准或者不予批准的决定，并通知运营申请人。

（3）临时空域使用时限 临时空域使用时限应当根据通用航空飞行的性质和需要确

定，通常不得超过 12 个月。

因飞行任务的要求，需要延长临时空域使用期限的，应当报经批准该临时空域的飞行管制部门同意。通用航空飞行任务完成后，从事通用航空飞行活动的单位、个人应当及时报告有关飞行管制部门，其申请划设的临时空域即行撤销。而在已划设的临时空域从事飞行活动的其他单位、个人因飞行需要，经批准划设该临时空域的飞行管制部门同意，也可以使用。

(4) 空域管理　对于空域的管理，实行的是实时管理，也就是说无人机运营人即使有批准的空域，其在实施飞行前也必须向飞行管制部门提出申请，得到批准后才能使用申请的临时空域。否则视为"黑飞"。

据统计，2017 年 2 月 2 日至 5 月，在云南昆明长水国际机场净空保护区发生无人机非法飞行事件不下 6 起。5 月 1 日下午发生的无人机非法飞行事件，受影响航班共 32 班，其中 28 班返航，4 班备降。

成都双流国际机场也曾是无人机"黑飞"的重灾区。仅 2017 年 4 月后的 3 个月内，双流机场连续发生 5 起无人机干扰民航航班事件，造成超过 100 架次航班备降、返航。

为了防止无人机"黑飞"事件发生，机场方面除了做好职责范围内的防控工作，仍需依靠政府相关职能部门进一步完善无人机管控的相应法律法规，同时加强对无人机生产、销售、购买、使用等各个环节的管理。国家尽快建立无人机反制系统标准体系，通过专项立法明确各环节主体的民事责任、行政责任和刑事责任。同时，应当进一步明确民航管理局对无人机违法的执法主体地位以及公安执法的依据等内容。（来源：劳动报，发布时间：2017 年 5 月 4 日）

(5) 无人机运行计划批准权限　无人机运行计划批准权限是指无人机运营人申请空域从事飞行活动所使用的空域、航路、航线、时间等无人机运行计划的批准部门和批准权限。

无人机需要使用机场飞行空域、航路、航线进行通用航空飞行活动，其飞行计划申请由当地飞行管制部门批准或者由当地飞行管制部门报经上级飞行管制部门批准。

使用临时飞行空域、临时航线进行通用航空飞行活动，其飞行计划根据不同的空域使用计划，由相应的部门进行审核与批准。

飞行计划申请批准的权限如下：在机场区域内的，由负责该机场飞行管制的部门批准；超出机场区域在飞行管制分区内的，由负责该分区飞行管制的部门批准；超出飞行管制分区在飞行管制区内的，由负责该区域飞行管制的部门批准；超出飞行管制区的，由中国人民解放军空军批准。

(6) 无人机运行计划申请与批复时限　无人机运行计划申请时限是指运营人必须于飞行前一定时限内向管制部门提出申请，以便空管部门合理分配空域资源。

运营人的空域使用飞行计划申请，应当在拟飞行前 1 天 15 时前提出；对于执行紧急救护、抢险救灾、人工影响天气或者其他紧急任务的，可以提出临时飞行计划申请。临时飞行计划申请最迟应当在拟飞行 1 小时前提出。

无人机运行计划批准时限是指空中管制部门在收到运营人的运行计划后，必须在运行计划实施前的一定时限内给予批准与否的答复，以便运营人能够准确安排人员，提高计划的时效性。

飞行管制部门应当在拟飞行前 1 天 21 时前做出批准或者不予批准的决定，并通知申请人；对于因执行紧急救护、抢险救灾、人工影响天气或者其他紧急任务而提出的临时飞行计划申请，飞行管制部门应当在拟起飞时刻 15 分钟前做出批准或者不予批准的决定，并通知申请人。

对于运营人提出的 15 日以内的短期飞行，可以在申请划设临时空域时，一并提出短期飞行计划申请，不再逐日申请；但是每日飞行开始前和结束后，应当及时报告飞行管制部门。

5.3.2 《低空空域使用管理规定》

《低空空域使用管理规定》规定了在全国范围内真高 1000m（含）以下（山区和高原地区可根据实际需要，经批准后可适当调整高度范围）区域低空空域划设的分类、原则和要求，确定了空域管理的要素、空域划设的权限、报备及准入管理等方面的内容，规定了空域划设的标准、空域包含的要素等内容。

低空空域划设应统筹考虑国家安全、飞行需求、保障能力、机场布局、环境保护、地形特点等因素科学划设，并根据不同类别的空域使用需求和航空器活动特点等情况，划设在相应的区域。空域划设应明确空域名称、水平范围、垂直范围、进出方法、提供服务单位及具体联系方式等要素；目视飞行航线应明确航班代号、航线走向、飞行高度等要素。

低空空域划设由飞行管制分区主管部门牵头，会同所在地区民航空管部门，在充分听取地方政府及航空用户需求意见的基础上共同划设，报飞行管制区主管部门批准；跨飞行管制分区在飞行管制区内的，由飞行管制区主管部门会同民航地区空管局划定；飞行管制区间的，由空军航管部门会同民航局划定。

低空空域划设及方案调整由空军航管部门归口报空管委办公室备案，通报民航管理部门，由民航飞行情报管理部门向社会公布。

1. 运行空域分类

运行空域可分为管制空域、报告空域和监视空域以及目视飞行航线四类。

（1）管制空域　管制空域是指为飞行活动提供空中交通管制服务、飞行情报服务、航空气象服务、航空情报服务和告警服务的空域。

管制空域原则上只划设在如下区域：

1）空中禁区和空中危险区；

2）国境地带我方一侧 10km 范围内；

3）全国重点防空目标区和重点防空目标外围 5km 区域；

4）终端（进近）管制区；

5）军用和民航运输机场的管制地带（担负飞行保障任务且未划设机场管制地带的军用机场，以机场跑道中心点为中心，沿跑道中心线方向，两端各25km，两侧各10km的区域）；其他需要重点保护地区。

（2）报告空域　报告空域是指为飞行活动提供航空气象服务和告警服务，并根据用户需求提供航空情报服务的空域。报告空域原则上只能划设在如下区域：

1）通用机场和临时起降点10km范围内；

2）不依托通用机场和临时起降点，使用动力三角翼、滑翔伞、动力伞、热气球等通用航空器具，从事文化体育、旅游观光、空中广告宣传等活动的地区上空半径5km范围内；

3）作业相对固定、时间相对集中，且对军航和民用运输航空飞行没有影响的通用航空飞行区域。

报告空域不得划设在空中禁区边缘外20km范围内，全国重点防空目标区和重点防空目标边缘外10km范围内。

（3）监视空域　监视空域是指为飞行活动提供飞行情报服务、航空气象服务、航空情报服务和告警服务的空域，位于管制空域和报告空域之外。

（4）目视飞行航线　目视飞行航线是指为确保航空用户能够飞到预定空域，且飞行人员在目视条件下飞行的航线。

按照监视空域或报告空域标准划设，在管制空域内划设目视飞行航线，必须明确进出通道。如划设的管制空域与监视空域、报告空域有交叉区域，交叉区域按管制空域掌握。

2．空域管理内容

空域管理是指空中交通管制部门根据航空器的运行情况，对各类空域使用情况进行管理与控制，以保证各类航空器的运行安全。空域管理主要包括空域的准入管理、飞行方法、空域类型调整与调整权限、时限、空域关闭权限等内容，下面分别进行介绍。

（1）管制空域的准入管理　航空用户使用管制空域必须同时具备以下条件：飞行计划获得许可；航空器配备甚高频通信设备、高精度高度表、二次雷达应答机和广播式自动相关监视（ADS-B）设备；无线电保持持续双向畅通；民用航空器驾驶员实施目视飞行最低应持有私人执照或运动执照、学生执照，实施仪表飞行最低应持有私人执照。

（2）监视空域的准入管理　航空用户使用监视空域必须同时具备以下条件：飞行计划已报备；航空器配备甚高频通信设备和广播式自动相关监视设备；无线电保持持续双向畅通；民用航空器驾驶员最低应持有运动执照或学生执照；空域内飞行，航空器空速不大于450km/h。

（3）报告空域的准入管理　航空用户使用报告空域必须同时具备以下条件：飞行计划已报备，民用航空器驾驶员最低应持有运动执照或学生执照；空域内飞行，航空器空速不大于450km/h。

（4）多类空域的准入管理　航空活动如涉及多类低空空域，按照最高准入条件标准执行管理。

（5）空域中的飞行方法　各类航空器在管制空域内允许实施仪表飞行和目视飞行；监视、报告空域内以及目视飞行航线只允许实施目视飞行。

（6）空域类型的调整　低空空域实行动态管理，灵活使用。军航战备训练和执行紧急任务需要使用低空空域时，可将监视、报告空域调整为临时管制空域；遇有紧急突发事件、地方政府组织重大活动、军用机场无飞行活动等情况时，可临时调整低空空域类型，适时放宽低空空域使用权限。

（7）空域类型调整的权限　空域类型调整由飞行管制分区主管部门负责，报飞行管制区主管部门备案，由民航地区飞行情报管理部门向社会公布。如需长期调整空域类型，按照空域划设权限申报批准。

（8）空域调整时限　临时管制空域启用需提前 4 小时，管制空域调整为临时监视或临时报告空域需提前 2 小时，监视空域与报告空域之间调整需提前 1 小时确定并发布，临时空域使用时限原则上不超过 24 小时。

（9）临时关闭权限　监视空域、报告空域和目视飞行航线通常不得关闭。确需临时关闭，空域划设单位应及时报上一级部门审批，并通报相关军民航空管部门，由相应民航飞行情报管理部门向社会公布。

5.3.3 《民用无人机空中交通管理办法》

1．空域管理

1)《民用无人驾驶航空器系统空中交通管理办法》（图 5-2）中的民用无人机空域管理主要是指在航路航线、进近（终端）和机场管制地带等民用航空使用空域范围内或者对以上空域内运行存在影响的民用无人机活动的空中交通进行的管理，目的是规范民用无人机的运行，防止影响民用航空器的运行和威胁其他目标。

图 5-2　管理文件

2）民用无人机空域管理主要从空域的划设、空域的审批和无人飞行器的空中运行进行管制等方面进行管理。

3）民用无人驾驶航空器仅允许在隔离空域内飞行。

隔离空域由空管单位会同运营人划设。划设隔离空域应综合考虑民用无人驾驶航空器的通信导航监视能力、航空器性能、应急程序等因素，并符合下列要求：隔离空域边界原则上距其他航空器使用空域边界的水平距离不小于 10km；隔离空域上下限距其他航空器使用空域垂直距离 8400m（含）以下不得小于 600m，8400m 以上不得小于 1200m。

民用无人驾驶航空器在隔离空域内运行时，应当符合下列要求：民用无人驾驶航空器应当遵守规定的程序和安全要求；民用无人驾驶航空器确保在所分配的隔离空域内飞行，并与水平边界保持 5km 以上距离；防止民用无人驾驶航空器无意间从隔离空域脱离。

2．空域管理的安全措施

为了防止民用无人驾驶航空器和其他航空器活动相互穿越隔离空域边界，提高民用无人驾驶航空器运行的安全性，需要采取下列安全措施：

1）驾驶员应当持续监视民用无人驾驶航空器飞行，即运行无人机的驾驶员不能让无人机脱离监控（监视），使之始终能够在驾驶员的控制之下；

2）当驾驶员发现民用无人驾驶航空器脱离隔离空域时，应向相关空管单位通报；防止失控的无人机造成不必要的损失；

3）空管单位发现民用无人驾驶航空器脱离隔离空域时，应当防止与其他航空器发生冲突，通知运营人采取相关措施，并向相关管制单位通报；

4）空管单位应当同时向民用无人驾驶航空器和隔离空域附近运行的其他航空器提供告警与引导服务；

5）在空管单位和民用无人机驾驶员之间应建立可靠的通信，以便随时掌握无人机的运行情况；

6）空管单位应为民用无人驾驶航空器指挥与控制链路失效、民用无人驾驶航空器避让侵入的航空器等紧急事项设置相应的应急工作程序，即空管单位要有相应的措施与程序处置无人机运行过程中发生的突发情况，如控制失效需要采取相应措施等情况。

习题

1. 划设无人机空域的目的是什么？
2. 划设无人机空域的原则有哪些？
3. 划设无人机空域的依据有哪些？

4. 划设无人机空域的内容有哪些？
5. 什么是空中交通管制？
6. 空中交通管制的内容有哪些？
7. 什么是无人机安全间隔服务？
8. 什么是飞行间隔服务？飞行间隔服务的方式有哪些？
9. 无人机空中交通管制的法规有哪些？
10. 无人机空域划设的分类是什么？
11. 无人机运行空域如何分类？
12. 什么是管制空域？
13. 什么是报告空域？
14. 什么是监视空域？
15. 什么是目视飞行航线？
16. 空域管理的主要内容有哪些？

第 6 章

无人机适航管理

导读

本章主要介绍无人机的适航性及适航管理的定义、内容和相关的标准等知识。

教学目标

通过学习掌握无人机的适航性定义、适航管理的含义以及适航管理的内容,了解无人机适航管理的特性、人员管理、生产管理、运行管理以及国外无人机运行管理的相关内容。

无人机的适航管理是指对无人机的设计、生产、运行、报废等的过程管理、标准管理等。本章主要从适航管理的定义、内容、特性、管理标准等几个方面进行介绍,以便学习者能够对无人机适航管理的相关内容有一个大致的了解。

6.1 无人机适航管理简介

民航飞机具有适航性的标志是获得相应的适航证。适航证是适航管理机构对飞机进行审查,确认其符合适航条例以后发给的一种证明文件。飞机取得适航证只说明它具有安全使用的性质,但能否安全使用,还取决于使用中的其他因素。航空器的适航性是航空器能在预期的环境中安全飞行(包括起飞和着陆)的固有品质。因此,适航审定工作的最根本目的就是对航空器的安全性进行评判和审查。

飞机投入使用后的适航性一般称为连续适航性,它包括对使用和维修方面的适航性审查和监督,以保证飞行安全。审定的标准是关于使用和维修的适航条例。在使用中发现普遍性的影响安全的故障时,适航管理机构可发出相应文件,一般称为适航通报,通知有关单位进行检查和排除。如情况严重,适航通报即规定停止该型飞机的飞行,待不安全因素消除以后才允许恢复飞行。

无人机的适航性是指无人机在其规定的使用范围内具有保证航行和安全的性质。适航性的衡量标准在于它是否符合相应的适航条例(或标准)。无人机的安全性不仅取决于无人机机体,还取决于它所安装的发动机和设备。所以,无人机的适航性包括机体、发动机和机载设备的适航性。

在欧盟,民用无人机的认证遵循现存的、通用的民用航空器的型号认证程序。欧洲航空安全局(EASA)对可以证明其自身符合规定型号认证条件的申请人颁发型号证书,并对被批准型号设计的无人机系统颁发适航性证明。另外,EASA 允许用另外一种方法来获得适航性的批准,即通过降低证书的要求来颁发受限的型号证书,同样也可以通过降低适航性的要求来颁发受限的适航性证明,但是这些被降低的要求必须是以保证运行安全为前提的，相关内容在后面进行详细讲述。

6.1.1 无人机适航管理的概念

无人机适航管理是指航空器主管机关依据法律规定，对无人机的设计、定型、生产、使用直至停止使用的全过程施行监督，以保证航空器始终处于适航状态的科学管理。适航管理既是过程管理又是技术管理，目的是保证无人机处于最低安全适航状态，使无人机始终具有适航性。

无人机的适航过程管理是指适航主管部门在制定了各种最低安全标准的基础上，对无人机的设计、制造、使用和维修等环节进行科学的、统一的审查、鉴定、监督和管理的过程进行管理，以保证无人机始终处于适航状态。

无人机适航技术管理是指以保障民用无人机的安全为目标的技术管理，是国家相关部门在依据制定的各种最低安全标准的基础上，对无人机的设计、制造、使用和维修等环节进行科学的、统一的审查、鉴定、监督和管理的技术过程进行管理，以保证无人机在技术上始终处于适航状态。

无人机的适航性是指有关无人机的安全或结构完整的品质特性，包括无人机的部件和分系统的性能水平以及操作特点上的安全或结构完整的品质特性。简言之，无人机的适航性是指无人机适合空中运行并能保证飞行安全的规定性。而适航审定工作最根本的目的就是对无人机的安全性进行评判和审查。

无人机的适航管理模式采用以适航证件为核心的管理模式。无人机必须具备三个基本适航证件：型号设计具有型号执照、生产系统具有生产许可证、单架无人机具有适航证。

6.1.2 无人机适航管理的内容

无人机适航管理的内容一般包括文件管理、技术管理、生产管理、维护与维修管理和证件管理几个方面；无人机适航管理贯穿于无人机的设计、生产、维护与维修的整个过程。无人机适航管理具体涉及的管理内容主要包括：与无人机性能和飞行特征安全有关的方面；无人机结构（包括发射/回收载荷）的设计、生产；设计、生产航空电子系统和设备及其软件，并保证其功能达到期望的安全水平；飞行手册，包括应急程序和限制；无人机系统控制和通信链的安全评估；控制站所有部分的设计与生产；与安全控制无人机有关的无人机控制站人员要求；飞行避撞系统的设计和生产；有效载荷的集成。

当前，我国对无人机的适航过程管理和技术管理，还没有统一的法律法规标准。目前，我国关于无人机的适航管理只有"中国无人机产业联盟8项标准"对无人机从设计、定型开始，到生产、使用直至停止使用的全过程实行监督，以保证无人机始终处于适航状态的科学管理，没有国家层面的适航证照的发放与管理。

随着我国无人机的发展，正在强化对无人机按分类标准实施适航管理，加快立法，尽快建立健全空域飞行无人机的适航认证机制，研究提出基于空管实践的无人机全空域运行适航要求，研究制定适合我国国情的无人机适航标准。如今无人机机载设备得到了飞速的发展，为无人机的安全飞行奠定了基础。如复合飞控为无人机的安全飞行提供了有利的保障；超声波避障的开发与应用使无人机感知—规避能力越来越高，感知避障能力是无人机实现空中飞行安全的重要基础，更是无人机进入公共飞行空域的重要技术支撑和安全保障。

6.1.3 无人机适航管理的特性

无人机的适航管理与有人航空器一样，具有相同的特性——适航管理的权威性、国际性、完整性、动态性和独立性。

1. 适航管理的权威性

适航管理的权威性是指其代表国家行使管理权，其管理使用的标准、依据是统一的，具有强制性。无人机的适航管理部门属于政府机构，其本身具有高度的权威性。适航管理部门代表国家行使管理权，是政府为了维护国家权威，对无人机的制造、使用企业所进行的监督检查。无人机的设计、制造、使用和维修单位、个人，必须服从国家适航管理部门统一、公正的管理，以保证适航管理的权威性。

目前我国还没有国家层面的无人机适航标准，没有相关法律层面的适航管理依据。当前，无人机产业的适航管理，依据的是"中国无人机产业联盟8项标准"。联盟标准不具有强制性和普遍性，约束力完全靠企业的自律行为。产业联盟标准对联盟内的企业来讲是强制性的，即必须执行的，对于联盟内企业来讲具有约束力，而对于非联盟内的无人机企业没有约束力，可以执行也可以不执行。

当前，国家的民航适航管理部门正在研究讨论无人机的适航管理。相信不久的将来，就会出台相关的规章制度，从而使无人机的适航管理更具有权威性。

2. 适航管理的国际性

适航管理的国际性主要是指管理标准内容的国际性。如无人机的分类标准、适航标准等各国基本都是一样的，这就决定了各国的适航管理标准必然具有国际性。各国政府的适航管理部门为了保证本国无人机的安全和利益，根据本国的适航标准，严格审查各种进口民用产品。同时，各国也要求积极扩大国际交流，制定国际上普遍承认的适航标准，广泛订立保护本国利益的国际适航协议，使本国的民用无人航空产品能更多地进入国际市场。

我国民用无人机消费的大部分市场在海外，大多数的产品都是销往国外，并随着我国低空空域的开放逐渐在民用领域得到广泛应用。只有具备了国际适航标准，才能使生产的产品符合进口国的安全要求和适航要求，无人机产品才能打入国际市场，才能促进我国无人机产业的发展，所以说无人机的适航管理具有国际性。

3. 适航管理的完整性

适航管理的完整性是指对无人机的适航管理须贯穿无人机设计、生产、使用、报废的整个过程；是国家的适航管理部门对无人机的设计、制造、使用、维修，直至其退役的全过程，都要实施以安全为目的，统一的闭环式审查、鉴定、监督、管理。这是保证民用无人机得以不断改进和发展，并保证其始终处于良好适航状态的现实需要，也是民用航空发展规律的客观要求。正是这些客观的需求，决定了适航管理的完整性。

当前"中国无人机产业联盟 8 项标准"，参照了民用航空器的适航管理标准制定，对无人机的设计、制造、使用、维修等方面进行规范，实现以安全为目的的审查、鉴定、监督和管理，以保障无人机符合安全规范。当前国家相关部门正在研究制定无人机适航管理的国家标准，该适航标准将包含基础标准、行业应用标准、管理标准、技术标准四个方面，共同构成无人机标准体系。

4. 适航管理的动态性

适航管理的动态性是指无人机发展的时代性和空间资源利用的秩序性。

时代性是指无人机的适航管理是随着无人机的发展与其在民用领域的不断应用所产生的安全需求而产生的。秩序性是指飞行器空中交通运行安全的管理需求性。

无人机适航管理的时代性是随着航空科技进步和民用航空业的不断发展，促使各国适航管理部门不断改进和增加新的适航标准。同时，适航管理也必然随之变化发展，即适航管理不能是静态的、永恒不变的，而应当是动态发展的过程。

空间资源利用的秩序性是指无人机的运行空间受到环境条件的限制、受到有人航空器空间使用情况的限制，因此无人机的运行必须按照批复的时间段和空域进行，这就是空间资源利用的秩序性。

当前国家虽然没有对无人机进行国家层面的适航管理，但在其发展过程中，为了市场化的需要，无人机研制、生产、销售等都有严格的标准，以保证安全性和适航性。这些标准主要有设计标准、工艺标准、包装标准、出厂标准、生产标准、管理标准、维修标准以及报废标准等一系列的企业标准、行业标准以及与之相对应的国家标准（参考标准）等。这些标准贯穿于管理的整个过程，并随着技术及市场的变化在不断变化，所以无人机的适航管理也是一个动态发展的过程。

5. 适航管理的独立性

适航管理的独立性是指实质上的独立性和形式上的独立性。实质上的独立性是指适航管理的标准是独立的、公正的、客观的；形式上的独立性是指适航管理的组织者与实施者在落实适航管理时，其组织形态是形式上的独立。

适航管理的独立性体现在两个方面：一个方面是落实适航标准的独立性，即适航标准是由企业在无人机的设计、生产、制造过程中落实的；另一个方面是是否符合适航标准，是由适航管理部门根据适航标准对无人机的设计、生产、制造过程进行审查，合格后由管理部门颁发适航执照，方可进入市场进行销售。

无人机的适航管理部门是独立于无人机的设计、制造、使用和维修等环节之外的一个政府审查、监督机构。即适航管理部门的职责是立法和执法，适航管理部门是在经济上和管理体制上独立于航空设计、制造、使用和维修等环节之外的政府审查、监督机构。只有这种具有独立性的适航管理部门，才能真正严格地按照国家航空安全与发展改革需要，为保障无人机民用航空安全和促进无人民用航空应用及制造业的发展进行公正、有效的适航管理。

6.2 我国无人机适航管理标准

无人机适航管理标准建设是无人机产业界、行业界的共识，也是国家科技发展战略的需要，更是开拓国际市场的迫切需求。

目前我国无人机生产企业为了开拓、占领海外市场，以适应产业发展的需要，根据安全性评价标准与原则，依据国家的相关标准体系，经过研讨制定了无人机产业联盟标准，即《中国（深圳）无人机产业联盟标准》。联盟标准包含8项技术标准，以8项联盟标准的制定与落实，来保证无人机产品的安全性。联盟标准仅仅是行业标准，该标准还没有上升为国家标准，没有强制性，不能很好地规范所有的无人机生产企业。当前，我国的无人机适航管理部门正在论证研究制定国家级的民用无人机适航管理标准，力争尽快制定出我国的无人机适航标准，以增强我国无人机产业在国际上的竞争力。

6.2.1 标准概述

（1）标准的定义　标准是科学、技术和实践经验的总结，是用来判定技术或成果好不好的根据或者是用来判定是不是某一事物的根据。GB/T 20000.1—2014《标准化工作指南　第1部分：标准化和相关活动的通用术语》中对标准的定义是：通过标准化活动，按照规定的程序，经协商一致制定，为各种活动或其结果提供规则、指南或特性，供共同使用和重复使用的文件。

（2）分类　标准的制定和类型按使用范围划设有国际标准、区域标准、国家标准、专业标准、地方标准、企业标准；按内容划设有基础标准（一般包括名词术语、符号、代号、机械制图、公差与配合等）、产品标准、辅助产品标准（工具、模具、量具、夹具等）、原材料标准、方法标准（包括工艺要求、过程、要素、工艺说明等）；按成熟程度划设有法定标准、推荐标准、试行标准、标准草案。

（3）标准的制定　国际标准由国际标准化组织（ISO）理事会审查，ISO理事会接纳国际标准并由中央秘书处颁布；国家标准在中国由国务院标准化行政主管部门制定，行业标准由国务院有关行政主管部门制定，企业生产的产品没有国家标准和行业标准的，应当制定企业标准，作为组织生产的依据，并报有关部门备案。如法律对标准的制定另有规定，依照法律的规定执行。制定标准应当有利于合理利用国家资源，推广科学技术成果，提高经济效益，保障安全和人民身体健康，保护消费者的利益，保护环境，有利于产品的通用互换及标准的协调配套等。

6.2.2 技术标准

技术标准是指重复性的技术事项在一定范围内的统一规定。它是从事生产、建设及商品流通的一种共同遵守的技术依据。

技术标准按其特征和作用，可分为基础标准、产品标准、方法标准、安全卫生与环境保护标准等；按其标准化对象在生产流程中的作用，可分为零部件标准、原材料与毛坯标准、工装标准、设备维修保养标准及检查标准等；按标准的强制程度，可分为强制性与推荐性标准；按标准在企业中的适用范围，又可分为公司标准、工用标准和科室标准等。

（1）技术标准的特点　技术标准是重复性的技术事项在一定范围内的统一规定。重复性的技术事项是指从事生产、建设及商品流通过程中需要共同遵守的技术依据，因此技术标准在形成过程中具有如下特点：

1）各个企业通过向标准组织提供各自的技术和专利，形成一个个产品的技术标准；

2）企业产品的生产按照这样的标准来进行。所有的产品通过统一的标准，设备之间可以互联互通，这样可以帮助企业更好地销售产品；

3）标准组织内的企业可以以一定的方式共享彼此的专利技术。

（2）制定技术标准的原则　技术标准的制定与修订应贯彻多快好省的精神，体现国家经济及技术政策，要适应市场需求，立足现状并具有一定的先进性；技术标准的制定与修订一定要在充分调研和广泛协商的基础上进行，对国际上通用标准和国外先进标准要认真研究，积极采用，以便能与国际贸易及生产体系接轨。

6.2.3 标准的发展趋势

在知识经济、信息经济时代，世界范围内的技术标准竞争越来越激烈，谁制定的标准为世界所认同，谁就会从中获得巨大的市场和经济利益。因此，一个时期以来，发达国家政府都争先恐后地加大力度进行标准化战略研究，试图在技术标准竞争中牢牢掌握主动。目前，欧盟拥有的技术标准就有10万多个，德国的工业标准约有1.5万种，日本则有8200多个工业标准和400多个农产品标准。

1）技术标准已成为国家实力的重要组成部分。技术标准作为人类社会的一种特定活动，已经从过去主要解决产品零部件的通用和互换问题，更多地变成一个国家实行贸易保护的重要壁垒，即所谓非关税壁垒的主要形式。据统计，发展中国家受贸易技术壁垒限制的案例，大约是发达国家的3.5倍。

2）技术标准与专利技术越来越密不可分。在传统产业中，技术更迭缓慢，经济效益主要取决于生产规模和产品质量，技术标准主要是为了保证产品的互换和通用性，技术标准与技术专利分离。而今天，对于高新技术产业来说，经济效益更多取决于技术创新和知识产权，技术标准逐渐成为专利技术追求的最高体现形式。近年来，在国外出现了一种新的理念：三流企业卖苦力，二流企业卖产品，一流企业卖专利，超一流企业卖标准。

3）技术标准越来越成为产业竞争的制高点。技术标准已经成为产业，特别是高技术产业竞争的制高点。在传统大规模工业化生产中，是先有产品后有标准的。在知识经济时代，往往是标准先行，这在高技术产业领域表现尤为明显。例如，在互联网应用前就先有了 IP 协议。在高清晰度彩色电视机和第三代移动通信尚未商业化前，有关标准之战已如火如荼。关于高新技术标准的竞争，说到底是对未来产品、未来市场和国家经济利益的竞争。正因为如此，技术标准不仅在产品领域受到青睐，而且已经成为抢占服务产业制高点的有力手段之一。还有一个值得注意的现象是，在国际标准之外出现了越来越多的所谓事实标准。例如，美国微软公司的 Windows 操作系统和英特尔公司的微处理器，虽然没有成为国际标准，但事实上得到世界公认，并且"赢者通吃"。事实标准的出现是新经济时代的一个重要新特点。

4）如今的 5G 标准之争，已上升为国家战略之争、发展之争。

6.2.4 标准的意义

标准是国家经济竞争力的核心之一，是一个国家综合实力的体现。技术标准的发展与科学技术的进步密不可分：技术标准以科学、技术和实践经验的综合成果为基础；在市场经济条件下，科技研发的成果通过一定的途径转化为技术标准，通过技术标准的实施和运用，来促进科技研发成果转化为生产力；而在技术标准实施以及科技研发成果转化为生产力的过程中，市场的信息反馈又可以反作用于技术标准的修订改进和科技研发活动，从而促进技术标准和科技发展。

技术标准发展水平的提高是一国研发活动和科技进步的有机组成部分，前者既是后者的成果，又是后者发展的有效推动力。

首先，技术标准的出现和发展以科技进步为前提。无论何种产业，只有当技术进步使规模化成为可能时，技术标准才有可能作为实施规模化生产经营的必要工具出现；相应地，技术标准的制定也必须以科技研发及其相关科技成果为基础，其制定、修改不能脱离对应的科技水平，否则其适用性、有效性会大打折扣甚至完全消失。

其次，技术标准及标准化的发展与科技进步互相促进。技术标准的出现是随着应用科技发展到规模化大生产后的经济社会需求而产生的，它一旦出现，反过来又可提高微观经济主体的生产经营效率，使它们能够将更多的资源投入研发活动，继而新技术、新工艺的应用推广使更高水平的技术标准的制定和实施在技术上和经济上得到支持；微观经济主体的竞争、合作交互作用令技术标准和科技研发活动在整个社会范围内互相促进，从而在宏观层面上显示出标准发展水平与科技进步水平的互动发展。

再次，技术标准发展水平与科技进步成果转化水平，即经济活动中技术密集程度保持一致，工业化发展到一定阶段后的经济体中技术标准和科技研发关系更加密切，促使两者成为有机的整体。从产业乃至整体国民经济来看，无论是劳动密集型、资金密集型还是技术密集型产业或经济体，只要它处于工业化起步后的经济体中，技术标准都会在制造业中率先被制定、推广、修订，并由此波及各种产业；当产业结构升级到第二产业居社会经济主导位置之后，技术标准在整个社会经济中的位置和科技研发一同上升，成为社会生产力的主要推动因素。此后，随着产业结构的进一步升级，技术标准及标准化与科技研发对社会经济发展的推动作用进一步上升，两者之间的关联也日益密切，在技术密集型的产业或经济体中，技术标准是科技研发的出发点之一，其制修订也是科技研发的重要成果。

6.2.5 国家出台民用无人机标准的展望

（1）发展需要　出台民用无人机标准是我国无人机产业发展的战略需要，也是国家发展战略的需要。民用无人机在经济社会发展的诸多领域发挥了越来越重要的作用，已成为"中国制造"的典型代表。

我国军用无人机经过30多年的发展，已具备一定的技术储备，在国家军用标准及型号标准方面已初具规模。但对于非军用无人机，由于其制造和使用门槛低，生产商及运营者等的水平参差不齐，飞行机组人员培训体系不健全，监管法规和标准缺失，违规飞行屡禁不止，非军用无人驾驶航空器飞行影响国家安全、公共安全和个人安全的问题日益凸显。因此，为满足市场需求、支撑政府监管需要，需对非军用无人机（以下简称"无人机"）的标准化工作进行规划。

（2）管理需要　无人机是多领域、多专业融合的产物，需多部门协调管理；标准制定是全寿命周期管理的需要，需覆盖"研制生产条件管理、生产过程管理、销售注册管理、运行使用管理和产品维修管理"等全寿命周期；标准应用范围广泛，行业应用范围大，涵盖消费级无人机与工业级无人机两大类。消费级无人机主要涵盖娱乐、航拍、广告、商演、通信、体育赛事、导航等；工业级无人机主要涵盖农林植保、电力巡线、物流配送、消防、医疗救援、矿业、建造业、环境保护等。

6.2.6 无人机适航管理标准体系建设

无人机适航管理首先要建立管理的标准，而管理标准体系的内容建设首先需要确立建设标准体系的目标，其次要确定建设的思路，再次是确定标准建设的内容，最后是标准建设的组织实施，通过四个方面来建设。

1．建设无人机标准体系的目标

第一阶段（2016—2017年）：立足无人机市场需求，支撑国家监管政策的实施，重点制定一批市场急需、支撑监管的关键技术标准，目前已完成建设；

第二阶段（2018—2020年）：结合无人机特点，充分利用政府、社会、市场等各方的优势作用，基本建立健全无人机标准体系。同时，加强与国际标准化组织的交流沟通，积极参与国际标准制修订工作，加快将我国标准提升为国际标准，提高我国无人机国际标准化竞争力。

2. 建设思路

第一步，分别从管理和技术两个角度，构建无人机管理架构和技术架构。管理对应支撑政府监管需求，技术对应行业发展需求。

第二步，将管理架构和技术架构映射到标准，同时，考虑到基础共用和产业应用的特殊需求，将基础标准和行业应用标准与管理标准、技术标准共同组建为无人驾驶航空器标准体系结构。

第三步，对标准体系结构分解细化，进而建立无人机标准细目，指导无人机标准体系建设及相关标准立项工作。

无人机技术架构通过系统层级、分级分类和平台构型三个维度构建完成，如图6-1所示。

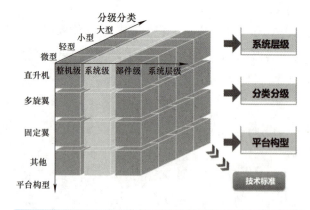

图6-1　无人机技术架构

标准体系结构包括基础标准、行业应用标准、管理标准、技术标准，如图6-2、图6-3所示。

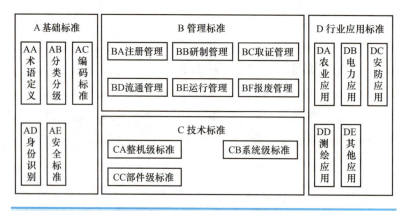

图6-2　无人机标准体系结构

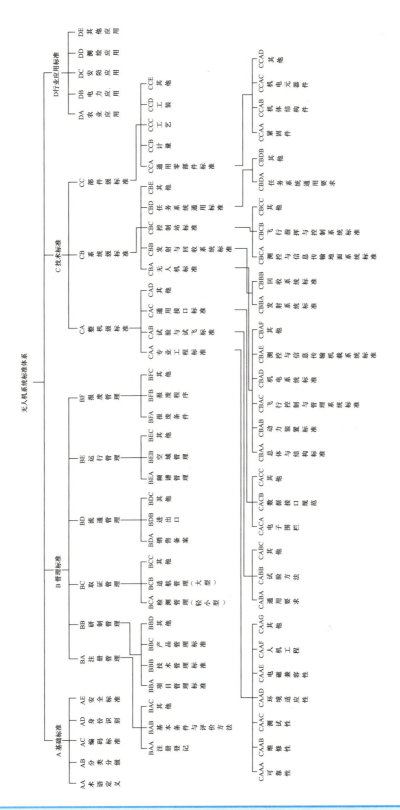

图 6-3　无人机标准体系框架

3. 标准建设内容

（1）基础标准　　基础标准是指在一定范围内，作为其他标准的基础且普遍使用的与具有广泛指导意义的标准。无人机标准体系中的基础标准主要有术语定义标准、分类分级标准、编码标准、身份识别标准和安全标准等。

1）术语定义标准用于规定无人机常用术语及定义；

2）分类分级标准用于规定无人机分类及分级要求；

3）编码标准用于规定无人机标识代码的编制原则及方法；

4）身份识别标准用于规定无人机身份识别功能要求；

5）安全标准用于规定无人机安全性要求、安全性设计、分析准则、安全性评价方法等。

（2）管理标准　　管理标准主要包括注册管理、研制管理、取证管理、流通管理、运行管理和报废管理六个部分。

1）注册管理主要对无人机进行登记识别，包括注册登记、基本条件与评价方法和其他标准。

2）研制管理主要是为规范无人机研制生产过程而制定的管理标准，包括项目管理标准、技术管理标准、产品管理标准和其他标准。

3）取证管理主要基于分级分类标准对民用大型无人机的适航管理和民用轻小型无人机的检测管理进行分类规定以及其他取证管理。

4）流通管理主要对无人机的销售备案和进出口及其他管理内容进行规定。

5）运行管理主要规定无人机在运行使用过程中应遵循的操作标准或规范，包括频谱管理、空域管理和其他标准。

6）报废管理主要对无人机的报废条件、报废程序和其他管理内容进行规定。

（3）技术标准　　技术标准是指经公认机构批准的、非强制性的、供通用或重复使用的产品或相关工艺和生产方法的规则、指南或特性文件。无人机标准体系的技术标准有整机级标准、系统级标准和部件级标准。

1）整机级标准主要包括专业工程标准、试验与试飞标准、通用接口标准和其他标准。专业工程标准包括可靠性、维修性、测试性、环境适应性、电磁兼容性、人机工程和其他标准；试验与试飞标准包括通用要求、试验方法和其他标准；通用接口标准包括电子围栏、数据接口规范和其他标准。

2）系统级标准主要包括无人机标准、发射与回升系统标准、控制站标准、任务系统通用标准和其他标准。无人机标准包括总体与结构标准、动力装置标准、飞行控制与管理系统标准、机电系统标准、测控与信息传输机载系统标准和其他标准；发射与回收系统标准包括发射系统标准和回收系统标准；控制站标准包括测控与信息传输地面系统标准、飞行指挥与控制系统标准和其他标准；任务系统通用标准包括任务系统通用要求和其他标准。

3）部件级标准主要包括通用零部件标准、计量、工艺和工装和其他标准。其中通用零部件标准包括紧固件、机体结构件、机电元器件和其他标准。

（4）行业应用标准　　行业应用标准是指在全国某个行业范围内统一的标准。行业应用标准由国务院有关行政主管部门制定，并报国务院标准化行政主管部门备案。当同一内容的国家标准公布后，则该内容的行业标准即行废止。

行业应用标准主要包括农业应用、电力应用、安防应用、测绘应用和其他应用标准。其中，农业应用包括农林植保、农业灾害防护及其他；电力应用包括电力巡线及其他；安防应用包括警用、消防及其他；测绘应用包括航空拍摄、遥感测绘及其他；其他应用包括医疗卫生、气象探测、海洋检测、科学实验、文化体育、旅游观光及其他。

4．标准建设组织实施

（1）统筹协调　　建立统筹协调推进工作机制，统筹规划和协调指导无人机领域的国内国际标准化工作，协调处理标准制修订和应用实施工程中的重大问题，督促检查无人机标准化工作的落实，有序高质推进体系建设。

（2）动态完善　　实行动态更新完善机制，随着无人机技术的迅猛发展，动态更新无人机标准体系框架，滚动修订无人机标准体系。

（3）强化协同推进　　充分利用政府、社会、市场等各方的优势作用实现国家标准、行业标准和团体标准的协调发展。政府各主管部门协调一致，共同制定国家和行业标准，社团组织发挥市场优势，立足填空白、补短板、提水平，积极推进团体标准制定工作。

（4）加强国际交流　　推进无人机领域国际标准化国际交流合作，积极参与国际标准制修订工作，加快将我国标准提升为国际标准，提高我国无人机国际标准化竞争力。

6.2.7　当前正在使用的无人机产业联盟标准简介

当前，我国民用无人机行业设计、生产、制造领域使用的标准是无人机产业联盟制定的8项标准，下面对这8项标准进行概略的介绍。

1．单旋翼无人直升机系统通用技术标准

本标准适用于单旋翼直升无人机系统的设计、制造、运输、贮存、使用和维修等过程。标准中规定了单旋翼直升无人机系统的术语和定义，技术指标，分类、分级与代号，系统功能要求，飞行控制与管理，电磁兼容性，环境适应性，安全性，维修性，可靠性标志，包装、运输和贮存，黑匣子时间记录要求以及交付与培训等内容。

2．电池动力单轴农用植保无人机系统通用标准

本标准规定了电池动力单轴农用植保无人机产品和使用环节的一般要求，包括飞行平台、任务设备、无线电测控与信息传输子系统、飞行控制与管理子系统的安全要求、通用要求、试验方法、检验规则等内容。本标准适用于农业遥控（含电池动力）航空植保无人机系统。

3．多轴农用植保无人机系统

本标准规定了多轴农用植保无人机系统的术语和定义、分类、分级与代号、技术要求、

标志、包装、运输和贮存要求等内容。本标准适用于多轴农用植保无人机系统的设计、制造、运输、贮存、使用和维修等过程。

4. 公共安全无人机系统通用标准

公共安全无人机系统通用标准规定了公共安全无人机系统的分类、技术要求、试验方法、包装、运输和贮存等内容。

本标准适用于海拔 4000m 以下区域工作的，最大起飞重量不大于 100kg 的旋翼式民用无人机系统设计、制造、检验、运输、贮存、培训、使用和维修等过程。如安全性能标准规定：任一电动机或桨失效后，飞机依然可以执行任务并安全返航；任何非同一机臂上的两台电动机或桨失效后，飞机依然可以安全降落或返航。飞机记录数据保存量 > 2 小时；故障判定终止飞行功能。标准从三个方面对安全性进行了界定，只有达到这个标准的无人机才是可以保证安全的，才是达到适航要求的，也即符合安全性能要求。

5. 固定翼无人机系统通用标准

固定翼无人机系统通用标准规定了固定翼无人机系统的术语和定义、分类、技术要求、标志、包装、运输和贮存等内容。标准适用于固定翼无人机系统设计、制造、运输、贮存、安装、使用和维修等过程。该标准对固定翼无人机系统的适航要求进行了详细的规定，如分类、分级与代号标准规定如下：

（1）按重量分类　　固定翼无人机系统按重量分类，主要有微型（0～7kg）、轻型（7～116kg）、小型（116～5700kg）和重型（大型）（5700kg 以上）四类。

（2）按续航时间分类　　按续航时间可分为短航时（续航时间在 60 分钟以内）、中航时（续航时间大于 1 小时，不大于 6 小时）和长航时（续航时间大于 6 小时）三类。

（3）无人机系统代号　　无人机系统代号由行业领域主代号、产品专业区分代号、分类代号、分级代号、能源方式代号、指标代号、企业名称代号和企业自定代号组成。

1）行业领域主代号：例如用大写字母 PL（police）表示警用。

2）产品专业区分代号："无人机"用其英语大写字母缩写 UAV 表示。

3）分类代号：用分类的平台构型表示。如固定翼（fixed-wing）用 F 表示、单轴旋翼（single-shaft-rotor）用 S 表示、多轴无人机（multi-rotor）用 M 表示。

4）分级代号：分级代号：用分级的续航时间表示。短航时（short）用 S 表示、中航时（middle-distance）用 M 表示、长航时（long）用 L 表示。

5）能源方式代号：无人机使用电池能源用 E 表示；使用燃油能源用 fuel-powerful 表示；使用混合能源用 M 表示。

6）指标代号：用无人机的最大起飞重量表示。微型用 M 表示；轻型用 L 表示；小型用 S 表示；大型（重型）用 H 表示。

7）企业名称代号：用三位字母表示、代表企业唯一性的字码。

8）企业自定代号：用二位数字或字母表示。

例如，××公司生产的农业植保无人机系统，固定翼无人机，续航时间为45分钟，能源方式为电池，最大起飞重量为3.1kg，企业名称代号ABC，企业自定代号50，表示为：AG-UAV-F-S-E-M-ABC-50。

再如，××公司生产的警用无人机系统，固定翼，续航时间为5小时，能源方式为燃油，最大起飞重量为155.6kg，企业名称代号EFG，企业自定代号3A，表示为：PL-UAV-F-M-Fuel-powerful-S-EFG-3A。

6．民用无人机系统通用标准

民用无人机系统通用标准规定了无人机系统的术语和定义、分类、分级与代号、技术要求、标志、包装、运输和贮存要求。本标准适用于无人机系统的设计、制造、运输、贮存、使用和维修等过程。通用技术标准对民用无人机的方方面面进行了规定，为适航安全性打下了基础，如无人机技术要求的部分内容如下：

（1）外形尺寸　无人机需在设计规范中明确标出机长、机高尺寸；多轴无人机需增加轴距及桨叶尺寸；固定翼无人机需增加翼展尺寸。

（2）外部颜色与标牌　无人机外部主体颜色应在产品标牌及包装上标明，订购方如有要求，可按详细规范执行；标牌应标明产品的代号、名称、系列号、出厂日期和生产单位。

（3）重量　无人机应在产品设计规范中明确以下重量指标：

全机重量，包括任务重量、能源重量和空机重量；无人机因装载不同可分为最大起飞重量和正常起飞重量。

任务重量为执行任务所需的设备以及为保证其正常工作所需的能源和可拆卸的辅助装置的重量，对不同任务所需的任务设备及其重量应在产品规范中给出。

能源重量按产生动力的能源可分为燃油、电池、混合和其他。

燃油重量分为最大载油量（机内油箱满载时的燃油重量）、不可用燃油量（不能用于飞行的残余燃油）和任务燃油量（根据执行规定任务所需的油量）。在具有外挂副油箱条件下，还应给出带副油箱时的最大载油量。

电池重量分为最大起飞电池重量和正常起飞电池重量。

空机重量包括机体重量、动力装置和其他动力源重量、机载传感器、回收装置机载部分以及保证无人机飞行控制所需的机载设备的重量。

以上重量指标就是标准中给出，并且必须在文件中标注的内容。

7．消防用多旋翼无人机系统技术要求通用技术标准

消防用多旋翼无人机系统技术要求通用技术标准规定了消防用多旋翼无人机系统的术语和定义、功能要求、性能要求、环境适应性、安全性、电磁兼容，是设计、制造和检验消防用多旋翼无人机系统的基本依据。本标准适用于消防用多旋翼无人机系统的设计、制

造、运输、贮存、使用等过程,如标准功能要求中对"飞行平台"的规定如下:

(1) 对"控制"标准的描述 消防人员在灾害现场应能通过有线或无线对飞行平台进行可靠控制;飞行平台应能响应地面监控系统的遥控指令,并实现数据的自动回传。标准强调了"可靠控制、响应指令、数据自动回传"等硬性指标,只有达到这些硬性指标,才能达到适航的技术标准。

(2) 对"飞行"标准的描述 飞行应能控制飞行姿态、飞行高度、飞行速度,并能搭载任务设备并执行飞行任务。

(3) 对"自检"标准的描述 自检应具有对自身工作是否正常的检查能力,并能显示其状态情况。达不到要求,也就是达不到技术标准,更不要说适航了。

(4) 对"故障保护"标准的描述 故障保护在飞行平台遇到突发故障时,应能通过双冗余供电或打开降落伞延缓下降速度,避免或减小对地面目标的冲击和伤害,减小飞行平台和机载设备的损伤。

8. 多轴无人机系统通用技术标准

多轴无人机系统通用技术标准规定了多轴无人机系统的术语和定义、分类、分级与代号、技术要求、标志、包装、运输和贮存要求。

本标准适用于多轴无人机系统的设计、制造、运输、贮存、使用和维修等过程,如标准中对"地面保障分系统要求"是这样描述的:

(1) 起飞和着陆区域要求的描述 无人机可在产品设计达成的平面上完成起飞和着陆。

(2) 快速展开能力的描述 通用多轴无人机系统需在飞行操纵人员接收到通用任务开始,5 分钟内完成无人机起飞并开始执行任务。

(3) 电源设备要求的描述 电源设备需符合 GJB 572A—2006(K)标准要求。

(4) 地面装卸设备要求的描述 通用多轴无人机系统的设备装卸以箱机为主,如有特殊装卸要求需在产品规范中说明,装卸设备需具备安装与维修无人机的工具。

6.3 无人机生产制造管理

生产制造管理是指生产控制对企业生产系统的设置和运行的各项管理工作的总称。生产制造管理是过程管理,是依据适航标准对产品生产过程中所涉及的各个环节中的人员、环境、工艺、计划、质量、成本、进度等进行的管理过程。生产制造管理的目的是生产出符合安全性要求的产品。

6.3.1 生产制造管理的内容

生产制造管理主要包含生产组织、生产计划、生产控制和保证纳期交付四个方面的工作内容。

生产组织工作是指生产过程中的选择厂址、布置工厂、组织生产线、实行劳动定额和劳动组织、设置生产管理系统等一系列工作。

生产计划工作是指生产过程中的编制生产计划、生产技术准备计划和生产作业计划等一系列工作。

生产控制工作是指生产过程中所进行的控制生产进度、生产库存、生产质量和生产成本等一系列工作。

保证纳期交付是指根据生产计划安排，保证客户产品交付正常。

6.3.2　生产制造管理的任务

生产制造管理的任务是对客户产品交付异常情况进行及时有效的处理。

生产制造管理是通过生产组织工作，按照企业目标的要求，设置技术上可行、经济上合算、物质技术条件和环境条件允许的生产系统；通过生产计划工作，制订生产系统优化运行的方案；通过生产控制工作，及时有效地调节企业生产过程中的各种内外关系，使生产系统的运行符合既定生产计划的要求，实现预期生产的品种、质量、产量、出产期限和生产成本的目标。

生产制造管理的目的就在于，做到投入少、产出多，取得最佳经济效益，最终目的是提高企业生产管理的效率，有效管理生产过程的信息，从而提高企业的整体竞争力。

6.3.3　生产制造管理模块

生产制造管理模块是指将产品从计划—形成产品—走向客户的整个过程按照先后顺序进行划分，各阶段形成独有的模块，便于细化管理。

生产制造管理模块主要包括计划管理、采购管理、制造管理、品质管理、效率管理、设备管理、库存管理、士气管理和精益生产管理共九大模块。管理工作分别根据各自特点，依据生产管理内容，将适航标准落实到各个模块中，使标准管理渗透到每一个环节，从而保证生产出来的产品符合适航要求。

6.3.4　生产制造管理的目标

生产制造管理的目标就是高效、低耗、灵活、准时地生产符合适航要求的合格产品，为客户提供高品质和满意度高的产品。

高效是指迅速满足客户需要，缩短订货、提货周期，为市场营销提供争取客户的有利条件；

低耗是指人力、物力、财力消耗最少，实现低成本；

灵活是指能很快适应市场变化，生产不同品种，不断开发新品种；

准时是指在客户需要的时间,按客户需要的数量,提供所需的产品和服务;
高品质和满意服务是指产品和服务质量达到客户满意水平。

6.4 无人机适航证照管理

无人机适航证照管理是国家适航管理部门,通过对达到适航标准的无人机产品颁发适航证书的方式,实现对无人机产品的适航管理。

适航管理部门的证照管理主要是通过颁发型号执照、型号设计批准书、补充型号执照、改装设计批准书、型号认可证、补充型号认可证、民用航空器材料、零部件、机载设备设计批准认可证、生产许可证、生产检验系统批准书、零部件制造人批准书、技术标准规定项目批准书、适航证、出口适航证、特许飞行证、适航批准标签等证照实现对无人机的适航管理。

习题

1. 什么是无人机适航管理?
2. 什么是无人机的适航性?
3. 无人机适航管理的目的是什么?
4. 无人机的适航管理模式是什么?
5. 适航管理的内容有哪些?
6. 适航管理的特性有哪些?各自体现在哪里?
7. 什么是标准?
8. 标准的分类有哪些?
9. 什么是技术标准?
10. 简述标准的意义。
11. 什么是无人机适航证照管理?如何进行适航证照管理?

第 7 章 无人机运行管理

导读

无人机运行管理是指无人机交付使用后，空管及相关部门依法对运行的无人机进行的管理。无人机运行管理的主要作用是规范无人机运行，并对无人机操作人员的资格进行审核。对无人机的运行管理，除了运营资格、运行计划、运行空域的审批之外，还有对无人机运行状态的管理，从技术上来看主要是利用无人机云系统进行管理。

本章主要介绍无人机运行管理的定义、分类、管理方式、管理机构、管理技术等知识。

教学目标

通过学习掌握无人机运行管理的定义、分类，无人机运行管理机构及其职能、运营人的责任、"云"提供商应具备的条件等相关内容；了解植保无人机运行管理的相关知识；了解管控技术等知识。

7.1 概述

无人机运行管理是指无人机交付使用后，空管及相关部门依法对运行的无人机进行的管理。无人机运行管理的主要作用是规范无人机运行，并对无人机操作人员的资格进行审核。

当前我国民用无人机的运行管理依据中国民用航空局飞行标准司于2015年12月29日发布的咨询通告《轻小无人机运行规定（试行）》来进行。

该规定的主要内容包括目的、适用范围及分类、定义、民用无人机机长的职责和权限、民用无人机驾驶员资格要求、民用无人机使用说明书、禁止粗心或鲁莽的操作、摄入酒精和药物的限制、飞行前准备、限制区域、视距内运行（VLOS）、视距外运行（BVLOS）、民用无人机运行的仪表设备和标识要求、管理方式、无人机云提供商须具备的条件、植保无人机运行要求、无人飞艇运行要求、废止和生效等内容。

近年来，"黑飞"曾多次影响正常航班起降，最严重的，解放军战机险撞无人机，对无人机监管刻不容缓。

在浙江，一架小型航空器违规飞行，造成杭州萧山机场关闭56分钟，18个航班备降和延误；在海南，一家企业使用"蜜蜂"飞机擅自组织飞行活动，严重干扰军机训练；在广东，广州某直升机科技公司一架直升机违规飞行，影响多架民航航班；在北京，一家科技公司进行商业性航拍飞行，既没有向民航部门申报航拍任务，也没有向空管部门申请飞行计划,又违规到首都机场附近空域飞行,导致待降首都机场的多架飞机空中紧急避让。

2013年,在美国弗吉尼亚州赛车公园内,一架无人机失控撞到看台上,导致数人受伤。2014年3月15日,一架无人机险些撞上从英国伦敦希思罗机场出发的空客A320飞机。该无人机距离客机不到50ft。2015年6月4日,两位南京市民在使用一架无人机航拍时,无人机受风干扰失控掉进南京地铁1号线药科大学站附近高架轨行区内,造成列车延误两分钟。

国外对违规无人机拥有者的管理措施:美国,2015年12月22日开始,所有美国无人机用户必须向美国航空管理局注册,否则将会面临处罚,包括2.5万美元的罚款以及3年刑期;日本,未经许可的无人机禁止在住宅密集地及机场周边飞行,违者处以50万日元(约2.7万元)罚款;英国,民用无人机必须在视线范围内(约500m)操作,高度须低于122m;新西兰,无人机只能在白天使用且垂直高度不得大于120m,不得阻碍其他飞行器,如需夜间使用须向民航局申请。

7.1.1 适用范围

《轻小无人机运行规定(试行)》的适用范围是指本规定对什么情况下、什么样的无人机的运行情况进行管理,什么情况下的无人机的运行不进行管理。其具体的适用范围如下:

1)可在视距内或视距外操作的、空机重量不大于116kg、起飞全重不大于150kg的无人机,校正空速不超过100km/h的无人机运行时应遵循本规定的相关条款。

2)对于植保类无人机,其起飞全重不超过5700kg,距受药面高度不超过15m的,其运行也必须遵循本规定中的条款进行管理。

3)对于充气体积在4600m³以下的民用无人飞艇,运营人运行时也必须遵循相关的条款进行管理。

4)对于空机重量和起飞重量在0~1.5kg的无人机,其持有者进行实名登记(依据适航司颁布的登记管理规定进行),运行时能保证安全,对他人造不成伤害,不必遵守本规定。

5)对于无线电操作的航空模型,正常情况下不需要遵守本规定的相关条款。如果模型使用了自动驾驶仪、指令与控制数据链路或者飞行设备,则必须遵守本规定。

6)对于在室内、拦网内等隔离空间中运行的无人机,不需要遵守本规定中的条款,但必须保证采取措施确保人员安全。

7.1.2 无人机运行管理分类

无人机运行管理分类见表7-1。

表 7-1　无人机运行管理分类

分类	空机重量 /kg	起飞全重 /kg
Ⅰ	$0<W\leqslant 0.25$	
Ⅱ	$0.25<W\leqslant 4$	$1.5<W\leqslant 7$
Ⅲ	$4<W\leqslant 15$	$7<W\leqslant 25$
Ⅳ	$15<W\leqslant 116$	$25<W\leqslant 150$
Ⅴ	植保类无人机	
Ⅵ	$116<W\leqslant 5700$	$150<W\leqslant 5700$
Ⅶ	$W>5700$	

无人机运行应按照表中的分类，依据本规定的条款，接受运行管理，以维护和保持无人机运行的安全。

对无人机的运行管理具体要求如下：

无人机机长对运行的无人机直接负责，并具有最终决定权。在开始飞行前，机长应当了解气象情况、场地情况、飞机的情况，制定无人机应急运行预案；机长应确保无人机运行时符合要求，不进入限制区域等；当无人机出现失控情况时，机长应当立刻执行应急运行预案。

无人机驾驶员根据其驾驶的无人机的等级进行分类，符合规定中关于执照、等级、训练、考试、检查和航空经历等要求，依据本规定进行运行，酒后 8 小时之内不得驾驶无人机。无人机使用说明书应当通俗易懂，并且使机长、驾驶员、观测员能够正确理解，Ⅴ类无人机的使用说明书还应包括相应的农林植保要求和规范。无人机视距内运行时，必须在昼间运行，运行的无人机不得脱离视线范围；视距外运行时，须将航路优先权让与有人航空器。当运行威胁人身安全和财产安全时，应当立即停止飞行活动，并且随时控制无人机。

7.2　无人机运行管理方式

无人机运行管理的内容包括：管理目标的设定与分解；组织体系架构、分工与相应人员配置及设施配置；管理职责及权限、工作标准与工作流程的设定；利益分配与激励；责任追究与惩戒。

无人机运行管理方式解决的是如何进行管理的问题，其特征是细化与量化。

无人机运行管理的方式主要有采用电子围栏以防止无人机闯入限制区域，采用无人机云系统对无人机的运行进行实时监控，采用登记的方式管理无人机运营人三种方式。

7.2.1　电子围栏

电子围栏是一种主动入侵式防越围栏，对入侵企图做出反击，击退入侵者，延迟入侵时间，并且不威胁人的性命，并把入侵信号发送到安全部门的监控设备上，以保证管理人员及时了解情况。电子围栏的阻挡作用首先体现在威慑功能上，金属线上悬挂有警示牌，让人一看到便产生心理压力，且触碰围栏时会有触电的感觉，足以令入侵者望而却步；电子围栏本身又是有形的屏障，安装适当的高度和角度，很难攀越；如果强行突破，主机会发出报警信号。

电子围栏是目前最先进的周界防盗报警系统，它由电子围栏主机和前端探测围栏组成。电子围栏主机能产生和接收高压脉冲信号，在前端探测围栏处于触网、短路、断路状态时产生报警信号，并把入侵信号发送到安全报警中心；前端探测围栏由杆及金属导线等构件组成有形周界，通过控制键盘或控制软件，可实现多级联网。

1. 电子围栏发展历史

电子围栏发展自欧美，1998年之后，在中国得到快速发展，目前在中国已获得广泛应用，已经成功应用于奥运会、世博会、国家电网等重大项目，成为周界报警领域的主要产品。现在通过坐标标定与限制的方法，开发出了通过地理坐标对比来控制无人机进不进入限制区域的电子围栏。电子围栏的演变，大致经历了三个阶段。

1）第一阶段：电子围栏最早起源于欧洲牧场，牧人为了放牧的需要，拉一根导线，通上直流电，就形成简单的电子围栏，使牲畜在一定范围内活动。第一次世界大战后在欧洲，由于牧业在农业中的比重增大，大量的牧业市场需求促进了电子围栏的开发和推广。牛羊等遇到电子围栏的电击阻挡而退回，很好地起到"牧羊人"的作用，同时也可防止围栏外的大型动物或猛兽跑进来，对当时的牧业发展起到了较大的促进，目前在一些畜牧业比较发达的国家仍然在发挥着较大的作用。

2）第二阶段：随着整个电子围栏行业的发展和深入，其产品附件和种类越来越多。20世纪90年代中后期，具有阻挡和报警功能的智能型周界安防报警系统，开始用于社会公共安全领域，它具有断路、短路、失电报警功能，同时又秉承了电子围栏的安全阻挡功能。该产品充分考虑了人的主动性和智慧性，能准确判断出无意触摸、蓄意破坏、非法闯入等各种情况，是目前周界安防项目的比较好的选择。

3）第三阶段：随着人们对产品性能和功能的要求越来越高，产品需要更加人性化，具有更多功能的产品开始出现。第二阶段的产品输出脉冲电压恒定，这样当周界的长短出现变化时，前端的电压会随着周界的长度出现过高或过低的现象；同时当产品安装在围墙较低的别墅或小区内时，白天会出现误击到小孩或附近工作人员的现象。基于以上问题，现在出现了可以调节输出电压和可以设定高压模式、安全模式切换功能的更先进的产品，当切换到安全模式时，手触摸电子线缆无电击感觉，但如果电子线缆被破坏，仍然会发出报警信号。同时，这一阶段的产品有的还具有遥控操作、远距离操作等功能，为大规模地应用于别墅、小区提供了更好的产品。

2. 电子围栏在无人机上的应用

电子围栏在无人机上的应用主要是采用预先植入限制区域的地理位置坐标,通过坐标对比,输出控制信号操控无人机不进入限制区域。本规定中对无人机安装电子围栏的要求如下:

1) Ⅲ、Ⅳ、Ⅵ和Ⅶ类无人机,应安装并使用电子围栏。
2) 对于在重点地区和机场净空区以下运行的Ⅱ类和Ⅴ类无人机,应安装并使用电子围栏。

7.2.2 无人机云系统

无人机云系统应是具备"飞手注册、培训管理、飞行计划管理、无人机低空定位、轨迹跟踪、电子围栏、空中防撞、越界警告、线路优化、气象情报、动态监测、数据(包括位置、高度、速度等)统计分析等功能的智能化管控平台,是要充分满足无人机高效、安全的飞行监管需求"的系统。

1. 无人机云系统

无人机云系统(简称无人机云),是指轻小民用无人机运行动态数据库系统,用于向无人机用户提供航行服务、气象服务等,对民用无人机运行数据(包括运营信息、位置、高度和速度等)进行实时监测。接入云系统的无人机能实现即时上传运行数据,无人机云系统对侵入电子围栏的无人机具有报警功能。

目前主要有 U-Cloud、U-care、飞云、北斗、无忧云五款云系统。

2016 年,中国民航局批复了三家无人机云系统公司的许可。2016 年 3 月,AOPA 协会推行的优云系统(U-Cloud)获得民航局飞行标准司的第一份运行批文;同年 4 月 20 日,U-Care 系统获得试运行批文,2016 年 8 月,飞云系统获得第三份批文;2017 年 8 月 28 日,北斗云系统成为第四家获得运行批文的服务商;2018 年 1 月 2 日,无忧云获民航局飞行标准司发出的无人机云系统批准运营的第五家运用商。

民航局飞行标准司发布的《无人机云系统接口数据规范》于 2017 年 12 月 1 日正式实施,文件规定了无人机系统与无人机云系统之间的传输数据要求、数据加密要求、编码规则以及性能要求,明确表示无人机系统和无人机云系统之间要按照要求的数据接口进行双向通信,无人机用户可以根据运行需求选择加入无人机云系统。

U-Cloud(优云)是目前我国无人机使用的云系统之一。"优云"旨在解决无人机"黑飞"普遍、申报飞行计划不畅、空中监管难的问题。该系统是以云计算、大数据技术为依托,主要针对 7(空机重量)~150kg(起飞全重),飞行高度在 150m 以下运行与作业的无人机。另外,7kg 以下,在视距外、人口稠密区、重点地域飞行的无人机也会被纳入监管范围。无人机飞行时所有动作变化,包括航迹、高度、速度、位置、航向等都会被实时纳入云数据库并存储。通过采集到的数据,系统会对升空的无人机进行监控和执法,并进行预警、安保工作等应用的开发。无人机接入此监管系统后可以实现飞行计划快速报批功能。U-Cloud 云系统的特点如下：

紧密结合中国民航最新政策法规；监管部门协同管理；可监管各类型民用无人机；无论在办公室还是室外，可随时通过计算机、手机管理和监视无人机；飞行计划快速报批，让客户赢得起飞时间；无人机飞行数据实时上报；结合禁飞区数据和电子围栏，进行无人机飞行过程实时监视，自动告警，飞行数据云存储；国内最全的无人机数据库；国内最权威的民用无人机驾驶员、禁飞区数据、障碍物、公共建筑物、人口稠密区等基础数据库；支持互联网 2G、3G、4G、ADS-B 北斗低空雷达等多种链路数据接入。

2．无人机云系统的使用要求

对无人机云系统的使用有如下要求：

1）对于重点地区和机场净空区以下使用的 Ⅱ 类和 Ⅴ 类民用无人机，应接入无人机云系统，或者仅将其地面操控设备位置信息接入无人机云系统，报告频率最少每分钟一次。

2）对于 Ⅲ、Ⅳ、Ⅵ 和 Ⅶ 类民用无人机应接入无人机云系统，在人口稠密区报告频率最少 1 秒 / 次。在非人口稠密区报告频率最少 30 秒 / 次。

3）对于 Ⅳ 类民用无人机，增加被动反馈系统。

3．无人机云系统产生的背景

大多数无人机爱好者并不清楚飞行申请的流程，即便是知道申请的流程也不愿意跑腿递交手续。往往一些入门者试飞被公安机关传唤了都不知道自己哪里违反了法律条例。

无人机云系统的接入，为包括民航局在内的各部门监督管理提供了监控平台。目前，我国是第一个提出无人机云概念的国家。这次发布的无人机安全管理服务系统，对用户来说就是一款手机软件，消费者购买新的无人机之后，需要通过一款与这个监管平台联通的手机软件进行激活，正在使用的无人机必须同步更新操作无人机的手机软件，接这个监管平台，否则不能起飞。

利用云系统，运营人要在相应的飞行区域进行飞行时，可以直接推送他的飞行申请，监管部门可以直接通过服务器终端看到其需求申请，然后及时地进行批复。运营人提交飞行申请时，飞手需要填写自己的姓名、电话等个人信息，提请飞行时间、飞行区域、飞行高度等，违规也将追究其相关责任。

无人机云系统让飞行人员有渠道去跟管理部门沟通，然后提交申请飞行计划。对于管理部门来说，无人机云系统使之有办法去查询空域申请、使用的情况，并根据空域使用情况做一些必要的限制操作；云系统既能够储存、记录如飞行计划等内容的静态信息，也能够记录无人机运行的动态轨迹；当使用者未按申请的计划违规飞行时，执法部门可以通过这个系统去取证。

无人机云系统飞行数据管理服务系统对所有企业用户完全开放，这也意味着所有厂家生产的无人机都可以进入这个云系统，接受监管，从源头上堵住"黑飞"问题。

4. 无人机云交换系统

无人机云交换系统（无人机云数据交换平台）是指由民航局运行，能为多个无人机云系统提供实时数据交换和共享的实时动态数据库系统。

5. 未接入无人机云的管理

未接入无人机云是指运行的无人机没有接入"无人机运行动态数据库系统"。运行的无人机不能获取该系统用于向无人机用户提供的航行、气象等服务，同时云系统也实现不了实时对运营信息、位置、高度和速度等的实时监测。对于没有接入云系统运行的无人机，其管理方式是在其运行前需要按照程序提前向空中交通管制部门提出申请，同时提供有效保证无人机运行安全的监视手段。

7.2.3 登记管理

无人机的登记管理是指通过权利登记机关对拥有无人机的个人和单位进行实名制登记，用以登记无人机权利人、权利性质及种类、权利取得时间以及无人机的名称、型号、最大起飞重量、空机重量、产品类型和无人机购买者的姓名、移动电话等信息，并在专门的权利登记簿中进行记载的一种法律制度。

实名制登记是对无人机进行有效管理，确保运行秩序，保证对无人机进行有效监控的重要手段。民用无人驾驶航空器实名制登记管理规定如图 7-1 所示。

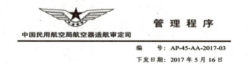

图 7-1　实名制登记管理规定

实名制登记的要求是进行实名制登记的无人机为 250g 以上（包括 250g）的无人机。实名制登记工作已于 2017 年 6 月 1 日正式开始，主要针对已经拥有无人机的个人或单位。

（1）登记程序　民用无人机制造商和民用无人机拥有者在"无人机实名登记系统"（https://uas.caac.gov.cn）上申请账户；民用无人机制造商在该系统中填报其所有产品的信息；民用无人机拥有者在该系统中实名登记其拥有产品的信息，并将系统给定的登记标志粘贴在无人机上。

（2）登记内容　登记内容包括拥有者的姓名（单位名称和法人姓名）、有效证件、移动电话、电子邮箱、产品型号、产品序号和使用目的等。

对于无人机制造商，需要在"无人机实名登记系统"中填报其产品的名称、型号、最大起飞重量、空机重量、产品类型和无人机购买者姓名、移动电话等信息。在产品外包装明显位置和产品说明书中，提醒拥有者在"无人机实名登记系统"中进行实名登记，警示不实名登记擅自飞行的危害。

对于个人民用无人机拥有者，需要在"无人机实名登记系统"中填报拥有者姓名、有效证件号码（如身份证号、护照号等）、移动电话和电子邮箱、产品型号、产品序号、使用目的等信息。

对于单位民用无人机拥有者，需要在"无人机实名登记系统"中填报单位名称、统一社会信用代码或者组织机构代码等、移动电话和电子邮箱、产品型号与产品序号、使用目的等信息。

在"无人机实名登记系统"中完成信息填报成功登记后，系统自动给出包含登记号和二维码的登记标志图片，并发送到登记时留的邮箱。民用无人机拥有者在收到系统给出的包含登记号和二维码的登记标志图片后，将其打印为至少2cm×2cm的不干胶粘贴牌，粘贴于无人机不易损伤的地方，且始终清晰可辨，也便于查看。

对于逾期未注册的，其行为将被视为违反法规的非法行为，无人机使用运行也将受到影响。

7.3　无人机运行管理机构

无人机运行管理机构是指对无人机运行所涉及的飞行计划申请、人员资质、航空器的适航性、空域的划设与管理、违规飞行的处罚等各个职能部门的总称。

7.3.1　无人机运行管理机构设置

无人机运行管理与有人驾驶航空器一样，既接受航空单位（空军各战区空管处）的管理，也接受民用航空空管部门和政府相关部门的管理。无人机的运行管理，利用现行空管体制由军、民航空管部门和无人机权属单位，根据现行航空法规组织实施。

地面管控，利用地方现行公安、工商、税务等部门与无人机业务相关的职能机构，明确并赋予其相关管控职能，实施综合管控，可在公安交警系统中增加航空管理地面执法部门。无人机运行管理机构设置如图7-2所示。

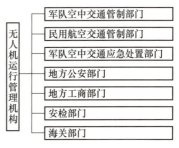

图7-2　无人机运行管理机构设置

7.3.2 无人机运行管理机构职能

无人机运行管理工作需要各个职能部门的密切配合，对无人机的生产、运行等进行全方位的管控，使其既符合适航性要求，又符合空中运行安全要求。下面对无人机各运行管理部门的主要职能进行介绍。

（1）军队空中交通管制部门　空中交通管制部门是指对航空器运行进行空中交通管制的部门。当前对无人机的运行进行空中交通管制管理工作的实际上是军队空中交通管制部门。军用无人机作为国家航空器，其运行有独立的空域；空中交通管制部门把掌握的军、民无人机运行的动态，对无人机的空域使用信息、无人机的指挥和监控的状态信息及时通报给民航飞行管控部门。国家民用航空主管部门负责对民用无人机飞行进行监控，配合军队有关部门实施空中监管和空中不明情况的应急查证处置工作。

（2）军队空中交通应急处置部门　军队空中交通应急处置部门根据空管部门对无人机运行监控情况，负责组织空中监管，依法实施无人机飞行管制工作，对空中不明情况进行查证处置。如据四川新闻网2016年5月28日报道，当晚，在双流机场东跑道航班起降空域发生因无人机阻碍航班正常起降事件，导致东跑道停航关闭1小时20分钟，直接造成55个航班不能正常起降。军队空中交通应急处置部门对于闯入限制区域的无人机进行了查证处置。

（3）地方公安部门　地方公安部门负责对无人机违法违规飞行的处置工作，组织协调重大活动期间无人机地面防范管控工作；配合有关部门依法对无人机飞行实施地面管理，负责对违法违规无人机落地后的秩序维护和现场处置工作，负责对违法违规活动的单位或个人进行查处。

（4）海关部门　海关部门负责办理无人机（包括散装组件）进境海关手续，按照进境货物、物品监管要求，加强对进境无人机（包括散装组件）的监管，保证通关进境的无人机部附件是符合安全要求的合格产品。

为加强对小型无人驾驶航空器（以下简称"无人机"）的进口监管，自2015年7月1日起，海关对部分航空器商品编码做出调整：

1）原8802110000：空载重量≤2t的直升机，拆分为两个编码：

① 8802110010：空载重量不超过2t的无人驾驶直升机（两用物项和出口管制的）；

② 8802110090：其他空载重量不超过2t的直升机。

2）原8802200010：无人驾驶航空飞行器（空载重量<2t），拆分为两个编码：

① 8802200011：两用物项出口管制的无人驾驶航空飞行器（空载重量<2t）；

② 8802200019：其他无人驾驶航空飞行器（空载重量<2t）。

调整后，涉自动进口许可管理无人机包括：

8802110010：空载重量不超过2t的无人驾驶直升机（两用物项和技术出口管制的）；

8802200011：两用物项出口管制的无人驾驶航空飞行器（空载重量<2t）；

8802200019：其他无人驾驶航空飞行器（空载重量<2t）。

（5）地方工商部门　地方工商部门负责对生产、销售无人机企业的登记工作依法核定注册单位名称，审核、颁发有关证照，实行监督管理；依照法律、法规打击无人机产品流通领域的走私贩私行为；组织保护消费者合法权益，查处侵犯消费者权益案件，组织查处市场管理和商标管理中的经销掺假及假冒商品行为，负责流通领域的无人机服务质量监督管理；负责各类无人机产品交易市场的登记管理、市场经营秩序的规范管理和监督，监督管理经纪人、经纪机构；组织监督管理商标注册工作，负责无人机产品商标的认定，查处商标侵权行为；负责监督管理商标印制；监督管理广告发布和广告经营活动，办理广告核准手续；监督管理无人机产品个体运营工商户、合伙企业和个人独资企业的经营行为；配合空管、公安等部门对未经批准私自生产销售的违法违规行为进行查处，配合有关部门对不符合适航安全要求的无人机企业进行查处；配合公安部门对从事非法运营的无人机单位和个人进行查处等工作。

（6）安检部门　安检部门负责协调影响无人机安全的重大事项；支持配合公安、体育、民航、气象等部门督促从事无人机生产经营的单位做好日常安全管理和安全教育培训等工作；依据有关规定参加无人机事故的调查处理；参与对无人机违法违规飞行的查处。

安全检查是保障无人机运行安全，保证他人人身安全、财产安全的重要预防措施。

安全检查主要是检查无人机产品是否符合质量要求、是否符合安全生产标准、是否符合适航性要求等，以确保无人机产品的质量要求，从而确保运营商及群众的人身、财产安全。安全检查必须在产品进入市场销售前进行，拒绝不合格产品进入市场，对于不符合质量要求的产品，依据相关条例进行处罚。

安全检查中一般有原材料合格安全检查、生产过程安全检查、产品性能安全检查、各种文件的检查、适航性证照、标识、标志的检查等工作，通过安检部门的安全检查将合格、放心的产品送到用户手中。

（7）民用航空交通管制部门　民用航空交通管制部门负责无人机产品的适航性认证、相关规章制度的制定、无人机运营监管、运营人的训练及注册管理及违规飞行的查处等工作。民用航空交通管制部门负责对引进进口无人机进行管理，并依法对无人机及零部件设计、生产、维修和飞行进行监管，对无人机企业和从事无人机活动的企业、个人等进行许可、登记管理；配合军队实施空中监管和空中不明情况的应急查证处置，负责对无人机违法违规活动进行地面查处。

7.4　民用无人机运营人的责任

民用无人机运营人是指从事或拟从事无人机运营的个人、组织或企业。由国家相关部门对运营人进行管理。

运营要求是指使用无人机开展飞行活动，应当遵守治安管理、空域管理、飞行运行管理等法律、法规、规章和标准的要求，不得利用无人机实施危害公共安全和侵犯他人人身财产权利的活动。

管理原则是对实施无人机飞行运行的运营人实施分级分类管理。对民用航空运行安全或地面人员生命、财产安全有重大影响的无人机运营人应当取得国务院民用航空主管部门的许可，相关驾驶操作人员应当取得无人机驾驶员执照。其他无人机运营人和无人机操作人员无须取得许可和执照。

无人机运营人的运行许可要求取得无人机运行许可证的运营人，应当具备具有实施运行所必需的管理人员和操作人员，并符合有关资质要求；所使用的无人机设备、设施、系统符合有关运行要求，并通过产品合格审定；通过国务院民用航空主管部门要求的运行合格审定；国务院民用航空主管部门规定的其他条件。

无人机运行要求是使用无人机开展飞行活动时，应当按照民用航空主管部门的有关规定，开启电子围栏功能，接入无人机管理服务系统，保持通畅有效的通信链路，接受有关主管部门的监督和指挥，确保无人机在规定的区域、时段，按照规定的运行要求开展飞行。

运营人在运行无人机的过程中，应当承担的责任是确保拥有的无人机是符合适航性要求的产品；确保操作无人机的人员是经过专业培训并取得驾驶执照的驾驶员或机长；确保无人机运行的飞行计划已得到批准；确保运行的无人机在申请的空域内运行；保障运行的无人机不会给他人造成伤害和财产损失；确保无人机在运行前已经投保地面第三人责任险。

7.5 无人机云系统提供商

7.5.1 背景

2015 年，中国民航局印发的《轻小无人机运行规定（试行）》规定某些类型的无人机应该接入无人机云系统。近期国家空管委印发的针对无人机的专项整治方案，也要求无人机生产企业通过预留接口等技术手段，保证无人机"可识别、可监测、可追查"。

7.5.2 无人机云系统提供商应具备的条件

1）设立专门的组织机构；

2）建立无人机云系统的质量管理体系和安全管理体系；

3）建立民用无人机驾驶员、运营人数据库和无人机运行动态数据库，可以清晰管理和统计持证人员，监测运行情况；

4）已与相应的管制、机场部门建立联系，为其提供数据输入接口，并为用户提供空域申请信息服务；

5）建立与相关部门的数据分享机制，建立与其他无人机云系统提供商的关键数据共享机制；

6）满足当地人大和地方政府出台的法律法规，遵守军方为保证国家安全而发布的通告和禁飞要求；

7）获得局方试运行批准。

7.5.3　无人机云系统的特性

（1）扩容性　无人机云系统提供商应定期对系统进行更新扩容，保证其所接入的民用无人机运营人使用方便、数据可靠、低延迟、飞行区域实时有效。

（2）全面性　无人机云系统提供商应每六个月向局方提交报告，内容包括无人机云系统接入无人机架数，运营人数量，技术进步情况，遇到的困难和问题，事故和事故征候等方面的信息。

（3）发展性　无人机云系统应随着无人机的发展和技术的进步，不断进行升级改造，以适应无人机不断发展的需要。

7.6　植保无人机与无人飞艇的运行管理

植保无人机是指用于农林植物保护作业的无人驾驶飞机（图7-3）。该类无人机由飞行平台（固定翼、直升机、多轴飞行器）、导航飞控、喷洒机构三部分组成，通过地面遥控或导航飞控，来实现喷洒作业，可以喷洒药剂、种子、粉剂等。

无人飞艇是指由地面人员遥控操作的，轻于空气的浮空器（图7-4）。其主要用于空中勘测、摄影、广告、救生、航空运动、高空预警、通信中继、天文研究、监测天气变化、监测环境变化、报告交通情况等。

图7-3　植保无人机

图7-4　无人飞艇

7.6.1　植保无人机运行管理

植保无人机运行管理是指对于进行喷洒农药，喷洒用于作物养料、土壤处理、作物生命繁殖或虫害控制的任何其他物质；从事直接影响农业、园艺或森林保护的喷洒任务，但不包括撒播活的昆虫等的无人机的管理工作。

（1）植保无人机对作业运行人员的管理　作业运行人员是运营人指定的一个或多个作业负责人。作业运行人员应当持有符合要求的驾驶执照和相应的飞行基本知识和植保作业知识。

植保作业知识主要包括开始作业前应当按照规定完成包括作业区的勘察等的准备工作；具备安全处理有毒药品的知识，能正确处理使用过的有毒药品容器；掌握农药与化学药品对植物、动物和人员的影响和作用，具备使用常用农药的防护知识及应当采取的预防措施知识；了解人体在中毒后的主要症状，应当采取的紧急措施，知道医疗机构的位置；熟悉所用无人机的飞行性能和操作限制；具备运行无人机作业必需的飞行技能和相应的经验。作业运行人员应当明确其在作业飞行中的任务和职责。作业负责人对每一位实施农林喷洒作业飞行的作业运行人员负责、对农林喷洒作业飞行负责，其他作业运行人员应该在作业负责人带领下实施作业任务。独立喷洒作业人员，或者从事作业高度在15m以上的作业人员，应持有民用无人机驾驶员执照。

（2）植保无人机的喷洒限制　植保无人机实施喷洒作业时，应当采取适当措施，避免喷洒物对地面的人员和财产造成危害。

（3）植保无人机的喷洒记录保存　植保无人机在实时作业过程中，应当如实记录作业内容。即实施农林喷洒作业的运营人应当如实记录下列内容：服务日期；每次作业飞行所喷洒物质的量和名称；每次执行农林喷洒作业飞行任务的驾驶员的姓名、联系方式和执照编号（如适用），以及通过知识和技术检查的日期。

7.6.2　无人飞艇的运行要求

无人飞艇是指由动力驱动、能够操纵的、轻于空气的充气体积在4600m^3以下的无人机。无人飞艇的运行要求如下：

无人飞艇运行时，禁止在云中飞行；在运行时，与云的垂直距离不得小于120m；当运行中的无人飞艇附近存在人群时，须在人群以外30m运行；当人群抵近时，无人飞艇与周边非操作人员的水平间隔不得小于10m，垂直间隔不得小于10m。

正常情况下运行的无人飞艇只能使用氦气，不能使用氢气等可燃性气体；如需要使用氢气，须获得局方批注后，方可使用。

7.7　无人机管控技术

无人机管控技术是指能够对无人机运行进行管理与控制的技术手段。

无人机管控技术主要有实时管理无人机运行状态数据信息（地理信息、动态数据信息、高度与大气参数信息等）处理技术（无人机云系统技术）、无人机适航信息管理技术、运行人员的资质信息管理技术、感知-避让技术等，以保证管制部门能有效及时、准确地掌握无人机的状态信息。无人机管控技术是无人机安全运行的保证，是无人机发展过程中必须要解决的问题。未来无人机管控技术的发展主要有以下几个方面。

（1）为无人机装备航管设备与系统　无人机空中管制首先要保证地面空中管制机构能及时、准确地掌握无人机的位置。为此，在无人机上应装备：敌我识别设备、二次雷达应答设备、防相撞设备以及能实时提供无人机状态的云系统等有关航管设备与系统。

（2）建立管制员与无人机控制人员之间畅通的联系通道　无人机运行时仅仅安装了空管设备与系统，还是不能完全解决无人机运行中的管控问题。对于一些应急情况的处理，还必须建立作业运行人员与管制员之间的联系通道，使管制员能够在及时准确掌握运行的无人机信息的基础上，在特殊情况下能准确采取应急处理措施。如因故障导致无人机失控时，就必须有管制员与无人机控制人员之间畅通的通信联系，保证管制人员能及时、有效并顺畅地采取措施对失控的无人机进行应急处理。

在这方面英国民航局公布的无人机空域使用指导中，建议无人机报告自身信息时要在前面加上无人机的标志，以使管制人员清楚这架无人机的详细情况，这一做法具有很好的借鉴意义。

（3）感知-避让系统　感知-避让系统为无人机系统及其操作人员提供"看见与避让"技术手段，是无人机系统运行的安全保障。该系统利用多源信息融合技术、多模图像融合技术、电扫描阵列天线技术，提高无人机感知与规避的实时性与可靠性，做到自动感知与规避附近的飞行器，使其保持安全距离，避免发生空中碰撞。

感知-避让系统能使无人机探测到在其安全邻域-空域监视范围内是否有任何其他入侵飞机飞行，通过分析飞机的运动状态，及时向操作员报告潜在的相撞目标信息。当入侵飞机进入警告范围时，通过机载预警设备的分析与决策，建议操作员执行适当的规避飞行，以解除来自入侵飞机的威胁。

无人机上安装感知-避让系统，能够使无人机在与操控员中断通信的情况下安全飞行。这个系统由一系列传感器构成，其中包括一个光电传感器、一个自动碰撞危险评估器、一个避让飞行轨迹生成模块。

（4）多源信息融合技术　多源信息融合技术是对不确定信息源进行多方面、多层次、多级别的综合处理和利用的技术手段。该技术通过对来自多个信息源的信息进行多方面、多层次、多级别的处理，主要用于军事目标的检测、定位、跟踪和识别。由于面临的研究对象日益复杂，需要掌握有关环境更加全面的信息，同时需要处理非线性的、不确定的非平稳、低信噪比的信号以及来自不明信息源的信息，信息融合技术要从多视角进行多信息的处理及综合，找出信息内在的本质联系，从而实现信息的优化获取和利用，对外部环境的变化及时做出最优决策。

1）导航信息共享的感知-避让技术。随着通信和导航技术的发展，通过网络共享信息的方式可改进有人飞机和无人机的防碰撞程序。在许多情况下,无人机可以借助惯性导航系统、GPS等精确地计算出自身的实时运动状态参数,并发送至"空管中心网"。空中所有经授权的飞机都可以进入"空管中心网"共享此数据,相关飞行员或无人机的操作员就可以了解到目前空中运行的各飞机的航迹规划及其运动状态,并由此分析出潜在威胁目标。因此,导航系统与"空管中心网"构成的联合预警系统,是无人机避免空中碰撞的有效途径和必要手段。

2) 多模图像融合的感知 - 避让技术。多模图像融合技术是将两种或两种以上的不同传感器以及不同波段的传感器进行有机融合,以获得目标、多波段、多形式的信息,通过信息融合处理来可靠地检测、识别目标以及跟踪、打击目标。基于多模图像处理的配准、融合、目标检测等技术是实现无人机高分辨率照相侦察与目标定位、高效电视/红外/激光综合侦察的关键技术。多模图像处理的关键技术包括多模图像获取与配准以及多模图像融合与决策。由于多模图像侦察技术具有场景环境适应性强,抗光电干扰和有效地对目标,尤其是对伪装目标进行检测与识别等优点,受到各国广泛青睐。

3) 光电/合成孔径雷达技术的多模图像感知技术。基于光电/合成孔径雷达(EO/SAR)技术的多模图像感知技术适合于大多数无人机,其核心任务载荷为高分辨率可见光CCD相机、SAR、多波段红外和偏振激光探测器。例如,BAE系统公司在其生产的"赫提"通用无人机上采用一种雷达/光电双传感器感知 - 避让系统,使之能在非隔离空域中使用。其中,安装在机头上的雷达可主动扫描和监控前方空域,而光电传感器则以被动方式工作。此系统的光电传感器以现成的情报/监侦察装置,采用有关算法实时判定潜在的相撞威胁。如图7-5所示的彩虹无人机安装有合成孔径雷达及光电吊舱,图7-6所示的翼龙无人机安装有光电吊舱。

图7-5 彩虹无人机

图7-6 翼龙无人机

高分辨率可见光CCD相机具有作用距离远、分辨率高,抗各种电子干扰,隐蔽性好,以及体积小、重量轻等优点。由于无人机对任务载荷重量的苛刻要求,轻量级的可见光CCD相机一直是无人机目标探测的首选;其缺点是无距离信息,不能全天时、全天候工作。

红外探测技术的主要优点在于符合隐身飞机自身高度隐蔽性的要求,即被动探测、不辐射电磁波,而且由于工作波长较微波雷达短3～4个数量级,可以形成高度清晰的目标图像,目标分辨率高。根据各类目标和背景辐射特性的差异,就可以利用红外技术在白天和黑夜对目标进行探测、跟踪和识别，以获取目标信息。

偏振激光主动成像技术是用偏振激光照射目标，然后根据不同材料目标反射光的偏振度差异和偏振图像来进行探测与识别一种新技术。偏振图像可以表征一些强度图像很难表征的信息，如目标的表面粗糙度，对于识别不同的地面目标具有潜在的价值。特别是在低照度条件下，偏振信息比强度信息具有更大的探测与识别能力。

光电探测系统受其工作原理的限制，在某些条件如尘埃、烟雾等条件下，工作性能下降。而目前电磁微波雷达的技术进步也是日新月异的。将这两种不同类型、不同工作原理的探测技术互相融合，在信息处理上实现真正的融合，可以大幅度提高探测能力。

合成孔径雷达（SAR）利用微波遥感技术，可以全天候、全天时对目标进行探测，通过数字处理变成逼真的图像。其性能优势包括全天候、远距离、高分辨能力、自动目标识别、远距离目标成像，且分辨率与距离无关。

SAR可在不良的环境条件下（如气候、灰尘、烟雾、遮挡物）进行高分辨率实时成像，并探测活动目标。该技术将成为无人机的一种通用的侦察、监视和目标瞄准技术。

干涉式合成孔径雷达（ISAR）技术已成为研究热点，代表了SAR新的发展方向。

获得ISAR数据的方式有两种：一种是在一架飞机上使用两副天线；另一种是用一副天线进行重复轨迹飞行，这样就可以使用SAR相位测量来推断同一平面的两个或更多SAR图像间的距离差和距离变化，从而产生非常精确的目标表面剖面图。SAR的局限性在于易受电子干扰和欺骗，图像难以直观解释，结构庞大、复杂，目前费用较高，不能近距离成像，而这些恰好是光电载荷的优势所在。

声学传感技术则更适用于体积小、重量轻、动力差的无人机系统。声学传感技术既可用于小型无人机，也能用于更大型的飞机来增强光学与收发系统，尤其是当离开或进近机场时更可以提供额外的一层保护，减少飞机碰撞的可能性。

将无人机机载导航信息、多模图像感知、声学传感器技术与空管系统、地面站预警信息综合起来，构建基于多源信息融合的感知－避让系统，与单传感器信号处理或低层次的多传感器数据处理方式相比，有效地利用了多传感器资源信息提供的互补性，从而可以获得空中潜在威胁目标更为全面的信息，同时通过预警分析与决策，预警系统将提供更安全更可靠的规避策略。

因此，利用多模态图像优势互补，可以实现昼夜、远距离、高分辨率目标的侦察、监视与跟踪，从而提高无人机感知－避让的及时性与可靠性。

（5）电扫描阵列天线的感知－避让技术　由美国的罗克韦尔·柯林斯公司研发的电扫描阵列（ESA）天线比现有系统更快捷、更便宜。典型的ESA天线包括数百个能够电操纵雷达束的独立传感器。相比机械操纵雷达，该系统具有很多优点，包括快速雷达束移动，可重构的辐射方向图，以及减少系统老化后的功能衰减问题。图7-7所示为电扫描阵列天线。

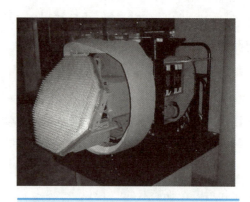

图 7-7　电扫描阵列天线

随着无人机的不断发展和各项关键技术的不断完善，无人机的感知 - 避让技术正在从理论和实验室走向实际应用。今后，随着集成电路、纳米技术、微电机和传感器制造水平的不断进步，纳米机电系统和纳米光电系统由于体积微小，将有可能与探测技术有机结合，提供更高效的障碍物探测技术。多运动目标的识别技术也将会为无人机感知 - 避让技术提供更好的特征提取、分类和识别方法，促进无人机感知 - 避让技术朝着更为成熟和实用的方向发展。

习题

1. 我国《轻小无人机运行规定（试行）》的适用范围是什么？
2. 简述无人机运行管理分类。
3. 无人机运行管理的方式有哪些？
4. 什么是无人机云系统？
5. 无人机云系统的使用要求有哪些？
6. 未接入无人机云系统的无人机是如何进行运行管理的？
7. 简述无人机的登记管理。
8. 无人机运行管理机构主要有哪些？简述各机构的主要功能。
9. 民用无人机运营人的责任有哪些？
10. 无人机云系统提供商应具备哪些条件？
11. 无人机云系统应具有的特性有哪些？
12. 无人机的管控技术主要有哪些？

第8章 无人机人员管理

无人机 法律法规与安全飞行

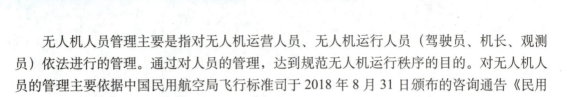

导读

无人机人员管理主要是指对无人机运营人员、无人机运行人员（驾驶员、机长、观测员）依法进行的管理。通过对人员的管理，达到规范无人机运行秩序的目的。对无人机人员的管理主要依据中国民用航空局飞行标准司于 2018 年 8 月 31 日颁布的咨询通告《民用无人机驾驶员管理规定》（AC-61-FS-2018-20R2）。

本章主要介绍无人机人员的分类、管理方式、法律责任和管理依据等内容。

教学目标

通过本章的学习，掌握无人机人员的分类；掌握人员管理的方式；知道各类人员的管理权限；了解无人机人员的法律责任；理解各类人员的管理依据。

无人机各类人员的管理必须纳入法制化、正规化，由职能部门进行统一的管理，只有这样才能保证无人机有序、安全、守法运行。

8.1 无人机人员

无人机人员主要是指与运行有关的各类人员。与无人机运行有关的人员主要有拥有航空器的运营人、操控航空器的驾驶员与机长、协助操控航空器的观测员等。

8.1.1 无人机驾驶员

无人机驾驶员（视距内等级驾驶员）是具体负责操控无人机的人员，对无人机的运行负有必不可少的责任，是在飞行期间适时操纵无人机的人员。无人机驾驶员必须经过正规培训，具备相关的理论知识与操作技能，持有 AOPA 颁发的驾驶员执照。图 8-1 所示为正在作业的驾驶员与观测员，图 8-2 所示为无人机驾驶员及其助手。

图 8-1 正在作业的驾驶员与观测员

图 8-2 无人机驾驶员及其助手

8.1.2　无人机机长

无人机机长（超视距等级驾驶员）是指由运营人指派在系统运行时间内负责整个无人机系统运行和安全的驾驶员。机长除具备驾驶员必须具备的理论知识与操控技能外，还必须具备一定的飞行经历，如无人机机长要求航线规划飞行不小于 4 小时、正常飞行程序指挥不少于 20 小时、任务指挥不少于 4 小时等。

8.1.3　无人机观测员

无人机观测员是指由运营人指定的训练有素的人员，通过目视观测无人机，协助无人机驾驶员安全实施飞行，通常由运营人管理，无证照要求。

观测员通过目视观测无人机及其运行区域内有无其他飞行器、影响飞行的高压线等，协助无人机驾驶员安全实施飞行，顺利完成作业。

8.1.4　无人机运营人

无人机运营人是指从事或拟从事航空器运营的个人、组织或企业。

运营人对航空器拥有所有权，对运行人员拥有人事管理权。运营人由政府相关部门根据法律法规进行管理，如工商部门、税务部门和公安部门等。

运营人的工作主要是利用拥有的无人机进行作业，如农业植保项目、电力巡线作业、石油管线巡检、航空摄像摄影、物流配送、高空幕墙清洁、中继通信、森林火情勘察、交通巡视、地理航测等民用作业。军事作业这里不做介绍。

8.1.5　无人机教员

教员队伍是保证教学质量的基础，对教员队伍的训练与管理是促进无人机驾驶人员训练质量提高的重要保证。

中国民用航空局飞行标准司 2018 年 8 月颁布的《民用无人机驾驶员管理规定》（以下简称本规定）明确指出，授权教员是指持有按本规定颁发的具有教员等级的无人机驾驶员执照，并依据其教员等级上规定的权利和限制执行教学的人员。

教员等级执照持有人在其所持驾驶员执照级别的限制内，可以分别提供本规定颁发的执照所要求的地面和飞行训练，在按本规定颁发的驾驶员执照申请人的飞行经历记录本上签字，证明该申请人已准备好参加本规定要求的理论及实践考试。

8.2　无人机人员管理方式

目前对无人机人员的管理方式主要有自行管理、局方管理和行业协会管理三种方式。而对于无人机运营人的管理则由地方政府部门根据公司或企业运行的相关规定进行管理。

下面主要介绍对无人机运行人员（驾驶员与机长）的管理。

8.2.1 无人机运行人员的自行管理

自行管理主要是指无人机运行人员在无须证照管理的情况下，自己做决定，完成无人机的运行工作。

例如：室内飞行，运行Ⅰ、Ⅱ类无人机；在人烟稀少、空旷的非人口稠密区进行试验的无人机等无须证照管理，自行管理即可。

8.2.2 局方对无人机驾驶人员的管理

无人机驾驶人员的管理主要是指驾驶人员执照的签发、执照的定期更新培训等。

局方是指中国民用航空局飞行标准司。局方管理是根据无人机运行的空域和其运行性质，对无人机驾驶员实施证照管理。

自2018年9月1日起，民航局授权行业协会颁发的现行有效的无人机驾驶员合格证自动转换为民航局颁发的无人机驾驶员电子执照，原合格证所载明的权利一并转移至该电子执照。原Ⅶ分类等级（超视距运行的Ⅰ、Ⅱ类无人机）执照载明的权利转移至Ⅲ分类等级电子执照。图8-3所示为多旋翼驾驶员合格证，图8-4所示为固定翼机长合格证，图8-5所示为多旋翼机长合格证。

图8-3　多旋翼驾驶员合格证

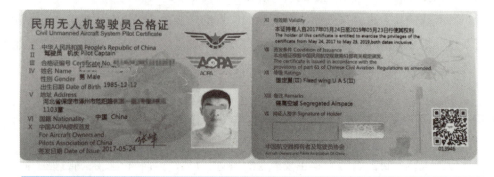

图8-4　固定翼机长合格证

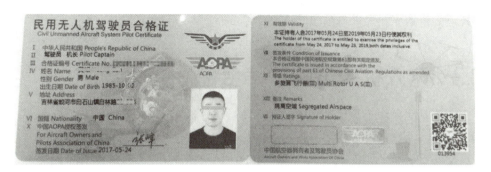

图 8-5　多旋翼机长合格证

在隔离空域和融合空域运行的除Ⅰ、Ⅱ类以外的无人机，其驾驶员执照由局方实施管理。

1）操纵视距内运行无人机的驾驶员，应当持有按本规定颁发的具备相应类别、分类等级的视距内等级驾驶员执照，并且在行使相应权利时随身携带该执照。

2）操纵超视距运行无人机的驾驶员，应当持有按本规定颁发的具备相应类别、分类等级的有效超视距等级的驾驶员执照，并且在行使相应权利时随身携带该执照。

3）教员管理。具备教员等级的驾驶员执照持有人，行使教员权利应当随身携带该执照。未具备教员等级的驾驶员执照持有人，不得从事下列活动：

① 向准备获取单飞资格的人员提供训练。

② 签字推荐申请人获取驾驶员执照或增加等级所必需的实践考试。

③ 签字推荐申请人参加理论考试或实践考试未通过后的补考。

④ 签署申请人的飞行经历记录本。

⑤ 在飞行经历记录本上签字，授予申请人单飞权利。

4）植保类无人机分类等级驾驶员管理。担任操纵植保无人机系统并负责无人机系统运行和安全的驾驶员，应当持有按本规定颁发的具备Ⅴ分类等级的驾驶员执照，或经农业农村部等部门规定的由符合资质要求的植保无人机生产企业自主负责的植保无人机操作人员培训考核。

8.2.3　行业协会对无人机运行人员的管理

行业协会是指受国家相关部门委托，承担相应的管理功能，代替政府部门实施对无人机驾驶人员的管理工作。目前，我国政府是由局方委托"中国航空器拥有者及驾驶员协会（AOPA-China）"对无人航空器驾驶人员实施培训、考核、合格证与执照发放、合格证与执照管理审核，同时局方对协会实施监督。

协会管理的主要范围：在隔离空域内运行的除Ⅰ、Ⅱ类以外的无人航空器运行人员；在融合空域内运行的Ⅲ、Ⅳ、Ⅴ、Ⅵ、Ⅶ类无人航空器运行人员。

行业协会对无人航空器运行人员的管理主要是通过驾驶人员合格证与执照的签发、合格证与执照的定期更新等进行的。

8.3 无人机人员的法律责任

无人机人员的法律责任是行为人由于违法行为、违规行为或者违反法律规定而应承受的某种不利的法律后果。其法律责任主要包括：行政责任、民事责任、刑事责任。

8.3.1 行政责任

行政责任是指因违反行政法规定或因行政法规定而应承担的法律责任。无人机人员在无人机运行过程中由于违反相关管理制度，要接受空管部门、地方政府管理部门以及证照管理部门的行政处分，并承担相应的行政责任。

北京市公安局关于加强亚洲文明对话大会期间
北京地区"低慢小"航空器管理工作的通告

"低慢小"航空器是指飞行高度低、飞行速度慢、雷达反射面积小的航空器具，主要包括轻型和超轻型飞机[含轻型和超轻型直升机、滑翔机、三角翼、动力三角翼、载人气球（热气球）、飞艇、滑翔伞、动力滑翔伞、无人机、航空模型、无人驾驶自由气球、系留气球]等。为维护亚洲文明对话大会期间北京地区空中安全，杜绝各类违法违规飞行活动发生，根据《中华人民共和国飞行基本规则》《通用航空飞行管制条例》《北京市民用机场净空保护区域管理若干规定》等有关法律法规制定本通告。

一、依据《中华人民共和国飞行基本规则》第三十五条规定，所有飞行必须预先提出申请，经批准后方可实施。在本市行政区域内开展"低慢小"航空器飞行活动，应当预先向中部战区空军或民航空中管制部门提出申请，经批准后方可实施。

二、按照上级要求，自2019年5月11日0时至16日24时期间，在本市行政区域内，禁止一切单位、组织和个人利用"低慢小"航空器进行体育、娱乐、广告性飞行活动。对于其他性质的飞行活动，应当经军队、民航空中管制部门批准后，方可实施。

三、请广大市民主动配合民航、体育、公安等部门对涉及"低慢小"航空器人员、器具需进行登记管理工作，同时严格遵守各项规定，杜绝违规飞行。

四、对于违规飞行行为，公安机关将联合军队、民航等有关部门严厉查处。对于违反《通用航空飞行管制条例》《北京市民用机场净空保护区域管理若干规定》等相关法律规定的，由相关部门依法予以处罚；违规飞行行为违反治安管理规定的由公安机关依照《中华人民共和国治安管理处罚法》予以处罚；情节严重构成犯罪的，依法追究刑事责任。

《通用航空飞行管制条例》中规定：无人机运营人未经批准擅自飞行的，运行人员不及时报告或者漏报飞行动态的，运营及运行人员未按批准的飞行计划飞行的，会被有关行政部门给予警告，责令其改正，情节严重的处2万元以上10万元以下罚款；运行人员操控无人机未经批准飞入空中限制区、空中危险区的，运营人会被有关行政部门处 2 万元以上 10 万元以下罚款，并可给予责令停飞 1 个月至 3 个月、暂扣直至吊销经营许可证、飞行执照的处罚，情节严重的，造成重大事故或者严重后果的，依照刑法关于重大飞行事故罪或者其他罪的规定，依法追究刑事责任。

《中国低空空域使用管理规定》中规定：对于无人机运营人没有飞行计划申请、未经批准擅自飞行、不及时报告或漏报飞行动态、不按计划飞行、不服从管制指挥指令、不执行管制空域内目视飞行航线飞行方法、管制空域内擅自改变航行诸元的行为，行政管理部门会根据情节轻重，分别给予不同的处罚：情节较轻、未造成严重后果的，处通用航空企业或个人 10 万元以上 30 万元以下罚款，暂扣经营许可证半个月至 3 个月，飞行人员责令停飞 3 个月至 6 个月，暂扣飞行执照，相应地区空管协调委进行通报；情节严重造成严重后果的，处通用航空企业或个人 30 万元以上 50 万元以下罚款，暂扣经营许可证 3 个月至 6 个月，封存航空器，责令当事飞行人员停飞 6 个月至 12 个月直至吊销飞行执照，国家空管委进行通报。

8.3.2 民事责任

民事责任是指民事主体对于自己因违反合同，不履行其他民事义务，或者侵害国家、集体的财产，侵害他人的人身财产、人身权利所引起的法律后果，依法应当承担的民事法律责任。例如由于无人机的违规运行、操作不当或无人机的故障原因造成他人的财物损失，应当承担民事责任。

2016 年 10 月 18 日，在宁波绕城高速出口，一辆正在行驶的货车被从天而降的一架遥控四轴无人机砸坏前风窗玻璃，同时砸伤副驾驶位乘客。该无人机是无人机发烧友赵先生自行组装的，用于测试照相机的功能。在试飞测试过程中，控制系统出现故障导致无人机失去控制，坠落造成此事故。无人机拥有者承担民事责任，对受害方的车辆损失和人员的医疗、务工等损失进行了经济赔偿。图 8-6 所示为被砸坏的汽车，图 8-7 所示为坠毁的无人机。

图 8-6 被砸坏的汽车

图 8-7 坠毁的无人机

8.3.3 刑事责任

刑事责任是指行为人因其犯罪行为所必须承受的，由司法机关代表国家所确定的否定性法律后果。无人机航空器人员违反无人机运行管理规定，造成严重后果的，依法应当承担相应的刑事责任。《通用航空飞行管制条例》中规定，无人机运营人未经批准擅自飞行的，运行人员不及时报告或者漏报飞行动态的，运营及运行人员未按批准的飞行计划飞行的，运行人员操控无人机未经批准飞入空中限制区、空中危险区的，情节严重的，造成重大事故或者严重后果的，依照刑法关于重大飞行事故罪或者其他罪的规定，依法追究刑事责任。

《中国低空空域使用管理规定》中对于从事通用航空飞行活动的单位、个人，航空器机载设备不符合空域准入条件；无飞行计划申请；未经批准擅自飞行；不及时报告或漏报飞行动态；不按计划飞行；不服从管制指挥指令；不执行管制空域内目视飞行航线飞行方法；管制空域内擅自改变航行诸元等行为，造成重大飞行事故或后果极其严重的，禁止当事通用航空企业和个人从事一切通用航空飞行活动，并由公安部门进行侦查取证，按照现行法律及执法程序追究其刑事责任。

国内首起无人机"黑飞"案3人被追刑责

北京一航空科技公司的郝某、乔某、李某3人，操控无人机"黑飞"进行航拍测绘，致多架次民航飞机避让、延误，造成中国国际航空股份有限公司经济损失达18148元。后北京军区两架歼击机待命升空，并出动两架直升机升空将其迫降。郝某等3人后被检方以"过失以危险方法危害公共安全罪"起诉至平谷区人民法院。

检方认为，郝某、乔某、李某均已经预见自己的行为可能会发生危害公共安全的结果，却轻信能够避免，以致公共财产遭受重大损失，其行为应当以"过失以危险方法危害公共安全罪"追究刑责。

8.4 人员训练与管理

无人机运行人员的能力、素质高低，直接关系到无人机运行的质量。掌握无人机运行的理论知识与技能知识是解决无人机无序、无规运行的根本。正规的专业训练是使从业人员掌握飞行安全知识、飞行气象知识、飞行法规知识、飞行技能、无人机的维护知识等必备的理论与技能知识的最佳途径；对从业人员进行必要及时管理，能准确掌握从业人员的现状，通过执照更新等方式及时进行知识更新训练，是促使从业人员素质不断提高的一种手段。

《中华人民共和国民用航空法》规定：航空人员应当接受专门训练，经考核合格，取得国务院民用航空主管部门颁发的执照，方可从事执照载明的工作。无人机驾驶员实行执照制度，是对航空人员加强技术管理，促进人员素质不断提高的一项重大措施。

局方应为符合相应资格、航空知识、飞行技能和飞行经历要求的申请人颁发无人机驾驶员执照并标注相应等级。根据《颁发无人机驾驶员执照与等级条件》，对于完成训练并考试合格，符合本规定颁发民用无人机驾驶员执照和等级条件的人员，在其驾驶员执照上签注：驾驶员等级、类别等级、分类等级、型别和职位等信息。

8.4.1 视距内等级驾驶员执照的训练与资格管理

无人机驾驶员的训练由《民用无人驾驶航空器系统驾驶员训练机构合格审定规则（暂行）》（图 8-8）审定的训练机构依据训练要求进行训练，主要从航空知识、飞行技能、飞行经历三个方面进行训练，其资格管理有注册管理、训练记录管理和执照管理三个方面。

图 8-8 训练机构合格审定规则

1．航空知识训练

无人机驾驶员的航空知识训练是指经过训练机构训练的学员应当掌握的航空知识。这些应当掌握的知识包括民用无人机驾驶员管理和民用无人机运行有关的中国民用航空规章。

（1）基础知识　识别天气状况，获得气象资料的程序以及航空天气报告和预报使用的航空气象知识；无人机空气动力学基础知识和飞行原理知识；无人机主要系统，导航、飞控、动力、链路、电气等知识；无人机系统操作程序及通用应急操作程序。

（2）特性知识　包括起飞、着陆和性能要求：飞行速度；典型和最大爬升率；典型和最大下降率；典型和最大转弯率；其他有关性能数据（如风、结冰、降水限制）；航空器最大续航能力。

（3）植保无人机运行知识　开始作业飞行前应当完成的工作步骤，包括作业区的勘察；安全处理有毒药品的知识及要领和正确处理使用过的有毒药品容器的办法；农药与化学药品对植物、动物和人员的影响和作用，重点在计划运行中常用的药物以及使用有毒药品时应当采用的预防措施；人体在中毒后的主要症状，应当采取的紧急措施和医疗机构的位置；所用无人机的飞行性能和操作限制；安全飞行和作业程序；喷洒限制；喷洒记录保存。

2．视距内等级驾驶员的飞行技能训练要求

无人机驾驶员符合颁发执照的飞行技能训练内容主要有：

(1) 对于固定翼、多旋翼、直升机、飞艇等技能内容的通用内容　固定翼、多旋翼、直升机、飞艇等航空器的驾驶员都必须掌握包括气象判断、飞行空域与飞行计划申报、重量和平衡的计算、动力系统相关的准备、地面控制站的设置及起飞前无人机系统检查等飞行前准备的技能知识；掌握起飞、着陆和复飞飞行训练，包括正常、有风和倾斜地面的起飞和着陆飞行训练内容；熟练掌握视距内机动飞行技能和机场、起落航线的运行技能；应急程序应掌握包括飞行平台操纵系统故障、动力系统故障、数据链路故障、地面控制站故障及迫降或应急回收的应急程序。

(2) 对于固定翼类别的视距内等级驾驶员　对于固定翼类别的航空器驾驶员还必须进行以下技能训练：

地面滑行技能技巧；临界小速度飞行，判断并改出从直线飞行和转弯飞行进入临界失速及失速的飞行技能训练；最大性能（短跑道和越障）起飞，短跑道或松软跑道着陆等飞行技能训练。

(3) 对于无人直升机视距内等级驾驶员　对于无人直升机类别驾驶员，还应进行以下特殊飞行技能训练。这些飞行技能训练包括：

在无人机平台正前方朝向不同方向时的悬停飞行技能训练；以最小所需动力起飞和着陆，最大性能起飞和着陆的飞行技能训练；在涡环初始阶段的识别及改出的飞行技能训练等。

(4) 对于多旋翼类别视距内等级驾驶员　对于多旋翼类别驾驶员，还应进行的特殊飞行技能训练包括：

多旋翼无人机在无人机平台正前方朝向不同方向时的悬停飞行技能训练；以所需最小动力起飞和着陆，最大性能起飞和着陆的飞行技能训练；模拟单个动力轴动力失效时的应急操纵程序飞行技能训练。

(5) 对于垂直起降固定翼视距内等级驾驶员　对于垂直起降固定翼无人机驾驶员还要进行以下飞行技能训练：

旋翼及螺旋桨动力切换故障处理或传动装置和互连式传动轴故障处理飞行技能训练；临界小速度飞行，判断并改出从直线飞行和转弯进入临界失速及失速飞行技能训练。

(6) 对于自转旋翼机视距内等级驾驶员的特殊飞行技能训练　对于自转旋翼机驾驶员必须进行以临界小速度机动飞行，对小速度、大下降率状态的判断和改出的特殊飞行技能训练。

(7) 植保无人机视距内等级驾驶员飞行技能训练（Ⅴ级别适用）　植保无人机驾驶员必须以无人机的最大起飞全重完成起飞、作业线飞行等操作动作的特殊飞行技能训练。

(8) 对于无人飞艇视距内等级驾驶员的飞行技能训练　对于无人飞艇驾驶员还必须进行最大性能（越障）起飞；识别漏气现象；轻着陆等特殊飞行技能训练。

3. 无人机驾驶员的飞行经历要求

飞行经历是执照申请的必备条件，没有相应的飞行经历不得颁发相应类别的驾驶员执照。

视距内等级驾驶员执照的申请人至少应当具有操纵有动力的无人机 44 小时以上的飞行经历时间。

对于多旋翼类别视距内等级驾驶员执照的申请人,由授权教员提供不少于 10 小时的带飞训练,不少于 5 小时的单飞训练,计入驾驶员飞行经历的飞行模拟训练时间不多于 22 小时。

对于其他类别视距内等级驾驶员执照的申请人,由授权教员提供不少于 16 小时的带飞训练,不少于 6 小时的单飞训练,计入驾驶员飞行经历的飞行模拟训练时间不多于 8 小时。

以上要求说明申请视距内等级驾驶员执照的申请人,必须至少完成相应的技能训练才能达到颁发执照的要求,才能保证执照持有人具备运行相关无人机的资格。

4.注册管理

注册是指在学员注册参加经批准的训练课程规定的训练后,训练机构向学员提供注册证、训练提纲副本、训练机构编写的包括设施的使用和无人机的操作在内的安全程序与措施副本的过程。

注册管理是训练机构根据记录训练科目、飞行操作动作、参加考试的名称与成绩、训练的截止日期等的完成情况,向完成训练内容的学员颁发结业证书,管理需要学习的一种手段。

5.训练记录管理

训练记录管理是驾驶员训练机构对注册于本机构经批准的训练课程的学员建立并保持及时准确的记录,以管理学员学习、训练过程的方法。

训练记录主要内容有学员入学注册日期;按时间顺序记录或按课程大纲顺序记录的该学员接受训练的课目和飞行操作动作的记录,以及该学员所参加考试的名称和成绩;结业日期、中止训练的日期或者转训练机构日期。通过训练记录来管理学员的日常学习情况。

训练记录由负责该课程的教员签字证明;训练机构按规定保存每个学员的记录自结业或终止课程或转训练机构起至少 3 年时间。训练机构应当在学员提出要求时向学员提供其训练记录的复印件。

6.执照管理

执照管理是管理部门通过等级驾驶员执照的考取、核发、注销、审批、变更等方式对驾驶员进行管理的一种手段。等级驾驶员执照是从事运营无人机的合法执照,等级驾驶员执照的取得必须是经过注册的学员,完成了训练机构进行的理论训练、飞行技能训练,并通过局方组织的无人机等级驾驶员执照的考试。

等级驾驶员执照管理包括两个方面:一方面是训练机构结业证的管理,只有当学员完成规定的训练内容,并考试成绩合格才能颁发执照;另一方面是局方授权的驾驶员等级驾驶员执照的颁发与管理。具体管理内容包括无人机等级驾驶员执照的申请与审批管理;有效期内等级驾驶员执照的变更或核发管理等。等级驾驶员执照的持有人可以在执照载明的范围内行使权力。

8.4.2 Ⅺ、Ⅻ分类等级，超视距等级驾驶员（机长等级）的训练与管理

超视距等级驾驶员（机长等级）的执照取得是在完成驾驶员训练基础之上，完成一定的理论训练、飞行技能训练、具备一定的飞行经历，符合申请机长等级的人员，可以申请参加机长等级考试，合格后局方可以为其颁发超视距等级驾驶员执照（机长等级）。AOPA 2017 年 4 月发布的《民用无人机驾驶员合格审定规则》中规定的超视距驾驶员（机长等级）具体条件是：

年满 16 周岁；五年内无刑事犯罪记录；具有初中或者初中以上文化程度；

完成了本规则要求的相应无人机等级的航空知识训练（视距内等级驾驶员执照持有人申请相应类别分类等级的超视距等级驾驶员执照，须完成本规则的补充训练），并由提供训练或者评审其自学情况的授权教员在训练记录上签字，证明该申请人可以参加规定的理论考试；

通过了本规则要求的航空知识的理论考试；

完成了本规则要求的相应无人机等级的飞行技能训练（视距内等级驾驶员执照持有人申请相应类别分类等级的超视距等级驾驶员执照，须完成本规则的相关补充训练），并由提供训练的授权教员在其飞行经历记录本上签字，证明该申请人可以参加规定的实践考试；

在申请实践考试之前，满足本章中适用于所申请无人机等级的飞行经历要求（视距内等级驾驶员执照持有人申请相应类别分类等级的超视距等级驾驶员执照，须完成本规定的相关补充训练）；

通过了本规则要求的飞行技能实践考试；

符合本规则对所申请无人机类别和分类等级的相应条款要求。

1. 无人机驾驶员（机长等级）的航空知识要求

无人机驾驶员（机长等级）申请需要具备的航空知识如下：

掌握民用无人机系统驾驶员管理和民用无人机运行有关的中国民用航空规章；

掌握气象学的相关知识如识别临界天气状况，获得气象资料的程序以及航空天气报告和预报的使用；

掌握航空器空气动力学基础和飞行原理的基本知识；

掌握无人机主要系统，导航、飞控、动力、链路、电气等知识；

掌握无人机系统操作程序及通用应急操作程序的相关知识。

申请人必须接受并记录培训机构工作人员提供的地面训练，完成下列与所申请无人机系统等级相应的地面训练课程并通过理论考试。

掌握航空法规以及机场周边飞行、防撞、无线电通信、夜间运行、高空运行等知识；

掌握无人机的结构特性，包括无人机的组成及各组成部分的作用；

掌握无人机动力装置的分类、组成，各类动力装置的工作原理和维修保养方法；

掌握各组成部分之间的相互关系；

掌握至少一个机型的组装与调试知识；

掌握无人机系统维修与保养的基本技能；

掌握所使用的无人机系统特性，具体如下。

（1）起飞和着陆要求

（2）性能　飞行速度、典型和最大爬升率、典型和最大下降率、典型和最大转弯率、其他有关性能数据（如风、结冰、降水限制）、航空器最大续航能力等性能要求。

（3）掌握通信、导航和监视功能

1）航空安全通信频率和设备，包括：空中交通管制通信，包括任何备用的通信手段；指令与控制数据链路（C2），包括性能参数和指定的工作覆盖范围；无人机驾驶员和无人机观测员之间的通信等功能知识；

2）导航设备；

3）监视设备（如 SSR 应答，ADS-B 发出）；

4）发现与避让能力；

5）通信紧急程序：ATC 通信故障；指令与控制数据链路故障；无人机驾驶员／无人机观测员通信故障等紧急程序知识。

6）控制站的数量和位置以及控制站之间的交接程序等航空知识。

2．无人机驾驶员（机长等级）的飞行技能训练

机长等级的飞行技能要求与驾驶员区别不大，也是由 8 个部分组成。下面分别进行介绍。

（1）通用部分飞行技能要求　飞行前准备飞行技能要求主要包括：气象判断、飞行空域与飞行计划申报、重量和平衡的计算、动力系统相关的准备、地面控制站的设置及起飞前无人机系统检查等飞行技能；起飞、着陆和复飞飞行技能训练，包括正常、有风和倾斜地面的起飞和着陆等飞行技能训练；视距内机动飞行技能训练；机场和起落航线的运行飞行技能训练；应急程序处置的飞行技能训练，包括：飞行平台操纵系统故障、动力系统故障、数据链路故障、地面控制站故障及迫降或应急回收等飞行技能训练；飞行程序指挥及任务执行指挥飞行技能训练；航路航线的规划、实施及修改的技能训练。

（2）对于固定翼类别机长飞行技能训练　包括地面滑行飞行技能训练；临界小速度飞行，判断并改出从直线飞行和转弯进入临界失速及失速飞行技能训练；最大性能（短跑道和越障）起飞，短跑道或松软跑道着陆等飞行技能训练。

（3）对于无人直升机类别机长飞行技能训练　包括悬停飞行技能训练，包括无人机平台正前方朝向不同方向时的悬停飞行技能训练；以所需最小动力起飞和着陆，最大性能起

飞和着陆飞行技能训练；在涡环初始阶段的识别及改出的飞行技能训练。

（4）对于多旋翼类别机长飞行技能训练 包括悬停飞行技能训练，包括无人机平台正前方朝向不同方向时的悬停飞行技能训练；以所需最小动力起飞和着陆，最大性能起飞和着陆飞行技能训练；模拟单个动力轴动力失效时的应急操纵程序飞行技能训练。

（5）对于垂直起降固定翼无人机类别机长飞行技能训练 旋翼及螺旋桨动力切换故障处理或传动装置和互连式传动轴故障的处理等飞行技能训练；临界小速度飞行，判断并改出从直线飞行和转弯进入临界失速及失速的飞行技能训练。

（6）自转旋翼机类别机长飞行技能训练 以临界小速度机动飞行，对小速度大下降率状态的判断和改出的飞行技能训练。

（7）植保无人机飞行技能要求（Ⅴ级别适用） 以无人机的最大起飞全重完成起飞、作业线飞行等操作动作的飞行技能训练。

（8）无人飞艇机长的飞行技能训练（Ⅵ级别适用） 最大性能（越障）起飞、识别漏气现象、轻着陆等飞行技能训练。

3．无人机驾驶员（机长等级）的飞行经历与飞行技能训练要求

（1）飞行训练要求 申请机长等级的驾驶员必须有相应的飞行经历时间才可以申请机长等级，否则不予审批。无人机驾驶员（机长等级）执照的申请人应当具有操纵有动力的无人机至少 56 小时的飞行经历时间。

按照机长等级的飞行技能要求，对于多旋翼类别机长等级执照申请人，须由授权教员提供不少于 15 小时的带飞训练，不少于 5 小时的单飞训练，计入驾驶员飞行经历的飞行模拟训练时间不多于 28 小时；对于除多旋翼类别外的其他类别机长等级执照申请人，由授权教员提供不少于 20 小时的带飞训练，不少于 6 小时的单飞训练，计入驾驶员飞行经历的飞行模拟训练时间不多于 12 小时。无人机驾驶员飞行训练记录本如图 8-9 所示。

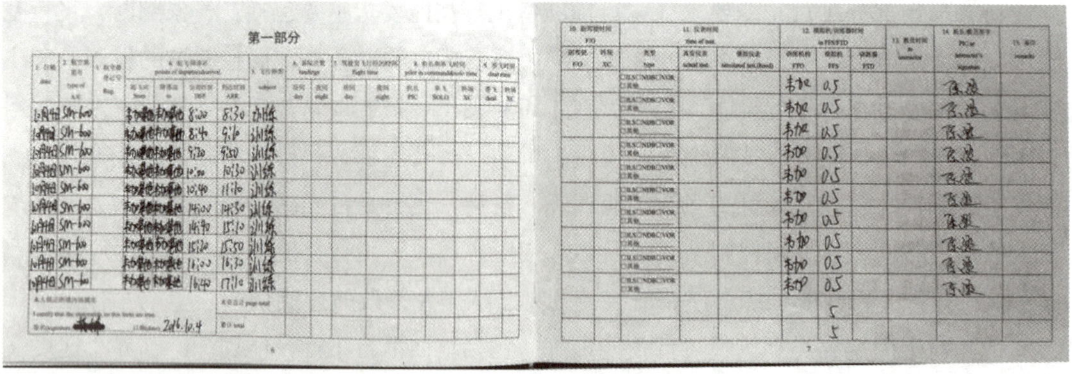

图 8-9 无人机驾驶员飞行训练记录本

（2）飞行技能要求

1）对于机长：空域申请与空管通信，不少于 4 小时；航线规划，不少于 4 小时；系

统检查程序，不少于 4 小时；正常飞行程序指挥，不少于 20 小时；应急飞行程序指挥，包括规避航空器、发动机故障、链路丢失、应急回收、迫降等，不少于 20 小时；任务执行指挥，不少于 4 小时。

2）对于驾驶员：飞行前检查，不少于 4 小时；正常飞行程序操作，不少于 20 小时；应急飞行程序操作，包括发动机故障、链路丢失、应急回收、迫降等，不少于 20 小时。

上述 1）款内容不包含 2）款所要求内容。

机长等级驾驶员可以在执照载明的范围内行使权利，是无人机系统运行的最终负责人，但不得行使执照没有载明的权力。

8.4.3 无人机教员的训练与管理

教员队伍是保证教学质量的基础，对教员队伍的训练与管理是促进无人机驾驶人员训练质量提高的重要保证。下面从几个方面介绍无人机教员等级的审定，以规范教员队伍的训练与管理。

1. 无人机教员等级的资格

只要符合《民用无人机驾驶员合格审定规则》规定条件的申请人，都可以申请教员等级，具体条件如下：

年满 18 周岁以上；

无犯罪记录；

具有高中或者高中以上文化程度；

持有与所申请教员等级执照相同类别、分类等级超视距等级驾驶员执照；

完成了要求的知识训练，并由提供训练或者评审其自学情况的授权教员在训练记录上签字，证明该申请人可以参加规定的理论考试；

通过了本规则要求的理论考试；

完成了本规则要求的相应无人机等级的飞行教学能力训练，并由提供训练的授权教员在其飞行经历记录本上签字，证明该申请人可以参加规定的实践考试；

在申请实践考试之前，满足适用于所申请无人机等级的飞行经历要求；

通过了本规则要求飞行技能的实践考试；

符合本规则对所申请无人机类别和级别等级的相应条款要求。

2. 无人机教员等级的知识要求

教员等级的知识要求主要是教员等级申请人应当接受并记录了由授权教员提供的地面教学原理训练，包括：教学技巧训练；学习过程训练；对地面教学科目中学员表现的评定训练；有效教学的基本要素训练；对学员的评价、提问和考试训练；课程研制开发训练；制订授课计划训练；课堂教学技巧训练；训练设备的使用，包括使用飞行模拟训练装置的训练；分析、纠正学员错误的训练；与飞行教员有关的人的行为能力，包括威胁和差错管理的原则训练;模拟无人机系统失效和故障情况下的应急处理方法训练等系列地面教学原理训练,即符合教员等级的知识要求。

3. 无人机教员等级飞行教学要求

教员等级飞行教学要求是完成飞行教学的保障,是从事飞行教学的基础。教学具体要求如下:

能针对基础、经验和能力水平各不相同的学员,准备和实施授课计划;能正确评价学员的飞行完成情况;能够进行飞行前指导和飞行后讲评;能够熟悉并正确完成教员责任和出具签字证明的程序;能够进行正确分析和纠正学员的常见飞行偏差;能够正确完成并分析与所申请教员等级相应的标准飞行训练程序与动作。

4. 无人机教员的飞行经历及训练要求

教员的飞行经历是保证教员能够顺利完成飞行训练的基础。无人机教员的飞行训练及训练要求如下:

教员等级申请人应具有100小时操纵其申请的类别及分类等级航空器并担任机长的飞行经历时间;

教员等级申请人应接受不低于20小时的实践飞行训练。

5. 无人机教员等级执照持有人的权利和限制

教员等级执照持有人在其所持驾驶员执照级别的限制内,可以分别提供本规则颁发的执照所要求的地面和飞行训练;在按本规则颁发的驾驶员执照申请人的飞行经历记录本上签字,证明该申请人已准备好参加本规则要求的理论及实践考试。

习题

1. 无人机人员主要有哪些?
2. 对无人机人员的管理方式有哪些?
3. 无人机人员的法律责任有哪些?
4. 违反《通用航空飞行管制条例》的行政责任有哪些?
5. 违规飞行的行为有哪些?
6. 对违规飞行的处罚有哪些?
7. 查处违规违法飞行的依据有哪些?
8. 无人机人员的法律责任有哪些?

第 9 章 国外无人机管理

导读

本章主要从运行机制、管理规章、管控内容、管控经验等几个方面介绍国外主要国家的无人机运行管理情况。

教学目标

通过学习了解国外主要国家无人机运行的主要规章、运行机制、人员训练与资格认证以及管控无人机运行的成功经验等内容。

无人机有民用和军用之分，不同用途的无人机遵循不同的飞行规则。通常来说，民用无人机遵循一般的民用航空器规则，而军用无人机则被视为国家航空器的一种，要遵循严格的入境许可制度。但到目前为止，在国际层面尚没有缔结任何专门针对无人机的统一适用的国际公约。

《芝加哥公约》对无人机仅做了原则上的规定，将无人机视为一种飞行器对待，从而将用于飞行器的一般规则用于无人机。无论是无人机的飞行空域，还是其所遵循的飞行规则、认证程序等，各个国家的相关规定具有很大差别。其中澳大利亚是最早专门针对无人机制定规章的国家；美国是所有国家中制定的有关无人机的规定比较完善的国家；英国制定的有关无人机的规定比较系统；欧盟关于无人机的管控则比较复杂；日本则主要将无人机用于农业用途并发展迅速；巴西和马来西亚对无人机的规定相对而言则显得有些粗略。下面对上述国家的无人机管控情况分别进行介绍。

9.1 澳大利亚无人机管理

9.1.1 澳大利亚无人机管理机构

澳大利亚无人机管理机构是澳大利亚民用航空安全局（The Civil Aviation Safety Authority，CASA），其在无人驾驶飞行器系统（UAS）运行领域处于世界领先地位。

9.1.2 澳大利亚无人机管理规章

早在 2002 年，澳大利亚民用航空安全局就发布了世界上第一个专门针对无人机运行的规范，即《民用航空安全条例》（CASR）第 101 部分——无人驾驶飞行器和火箭作业。

在《民用航空安全条例》所提供的框架之下，所有类型的遥控飞机（RPA）都可以在澳大利亚空域内运行，并且澳大利亚民用航空安全局成立了专门的项目组来审查该条例，为无人机在澳大利亚的商业化运作的监管要求和审批程序提供了更加全面的指导性意见。

同时，该指导性意见将考虑把 RPA 长期纳入正常的航空业务中，使其可以在所有类型的空域中运行。项目组的审查分两个阶段进行。第一阶段将涉及一系列指导性意见的提出，主要针对无人机运行、建造和维护阶段的运营商、远程 UAS 的飞行员、制造商及其维护者，使其能够以安全、合法的方式运行。第二阶段则包括对 CASR 第 101 部分进行审查，以及在必要时对其进行修订。修订后的条例则必须包括无人机的制造和维护，以及空域使用等有关问题。

此外，进行有关无人机风险管理的公众教育也势在必行，以确保每个人都了解与无人机运行有关的安全问题。

澳大利亚关于无人机管控的规范主要包括两种：民用航空安全规章（CASR）和咨询通报（AC）。其中，民用航空安全规章的制定由澳大利亚基础设施与交通部于 1998 年完成，最近的一次修订是在 2011 年；AC 则是针对 CASR 所制定的、为遵循 CASR 提供的建议和指导，或通过一些说明性的材料来解释某些特定的管理需求。相比作为法律实施的 CASR 而言，AC 通常只有建议的性质，并没有强制约束力。CASA 于 2002 年制定的 CASR 第 101 部分专门针对无人机做出了规定，并于同年发布了 AC101-1（0）、AC101-2（0）、AC101-3（0）三个咨询通告。

9.1.3　澳大利亚无人机管理内容

澳大利亚政府通过其民用航空安全局对民用无人机进行管控，主要从经营许可证发放、运行监管、适航证管理、飞行人员执照管理四个方面管控无人机。

1．经营许可证（Operator Certificate，OC）发放管理

商用无人机的运行必须以取得 OC 为前提。如果提交执照申请的无人机运营商或个人能够在达到 OC 的最低标准的情况下安全地运行无人机，并且符合 CASA 根据无人机类型和计划运行地点认为所必须达到的其他相关要求时，CASA 即可向申请人颁发 OC。

在澳大利亚，OC 的首次申请时间可能会长达 90 天，但是延期申请在 30 天之内即可完成。对于已经取得 OC 的无人机，其运行也必须遵循 CASA 的指导，即遵守 AC101-1（O）的相关规定，综合评价无人机、无人机地面控制系统、通信和数据连接系统、维修系统和运行人员等各项内容。

2．无人机系统的运行监管管理

根据 AC101-1（0）的规定，如果无人机运行机组成员能够持续监测无人机与空中交通管理（ATM）的通信线路，并且飞行员有能力对无人机启动紧急控制，无人机也可以自动运行。

无人机系统在澳大利亚管控空域内运行所遵循的一般规则比较简单，概括来讲，即无人机必须能够完全遵循有人驾驶飞机在同种类空域运行所需达到的全部要求，包括设备要求和适航规章。这就要求无人机生产商制造出来的无人机能够与在同类型空域飞行的有人驾驶飞机同样地、安全且无缝地运行。

若无人机与有人驾驶飞机共同在地面以上 400ft 以下的空域中运行，则无人机运行者

必须提供能够依据仪表飞行程序的运行计划，且该计划必须表明没有机载飞行人员以及飞行的其他细节。

关于防撞问题，CASA可以要求大型无人机（一般是指150kg以上的飞机）装备二次监视雷达转发器、防撞系统或一个与该型号无人机运行相适应的前视电视机。

在远离机场的无人居住区，0～400ft以下空域运行的小型无人机（一般指100g以上150kg以下），其运行者或飞行员只需保证飞行中的航线清晰以及其他低水准的空中交通安全即可。由于没有空中交通管制（ATC）人员提供的指导和说明，无人机应当依据CASA批准的和强制性的飞行规则运行。

根据AC10l-1（0），在飞行计划中应当详细地阐明在无人机失去控制或与ATC失去通信时所应采取的措施。同时，CASA建议在机长对无人机失去控制时，无人机应当自动运行至一个预先指定的区域，以便恢复控制或终止飞行任务。需要注意的是，无论基于何种原因导致对无人机失去控制时，均应通知ATC。如果无人机机长与ATC失去联系，则其应当尝试建立其他替代方式的通信（比如电话），且无人机应当根据最后收到的指令飞行；如果不能与ATC重新建立联系，则应当终止无人机的飞行。

在与ATC的对接方面，根据AC101-1（0）的规定，应当采取与有人驾驶飞机相类似的方式进行。

3．无人机适航管理

CAR1998对无人机适航证明的取得做了相关规定，而AC10l-1（0）也指出生产者适航证明的取得是其在无人机设计的过程中需要予以考虑的问题，而无人机系统的设计应当使发生故障的概率最小化。

目前，如果在澳大利亚设计和建立无人机系统，制造商将不得不从当前与有人驾驶飞机相关的设计标准入手，然后再通过与CASA进行个案谈判以求降低标准，这使得监管者和生产者在设计和对相应标准的证明上都比较麻烦。因此，CASA将一系列的规章整合到一起形成指导性意见，在该指导性意见中，既描述了基于运行水平的要求，又表明了可以接受的偏差。据此，制造商们即可在将其方案提交给CASA最终决定之前制定自己的标准。而CASA在对申请进行了相应的风险评估之后，如果认为其符合标准，则可在授予无人机型号证书的同时，授予其运行者执照。

目前，CASA在对标准、规章和指导性意见进行适当改进，改进的规章与ICAO及其他规章制定机构的相关要求保持一致。并且其正在和一些工业机构进行合作，以确保一般适用规则和相关规章的迅速发展，从而提供与有人驾驶飞机同等的安全水平，最终使得无人机系统被完全地、无缝地整合到非隔离空域。

4．无人机飞行人员的执照管理

目前，无人机飞行员的执照和训练要求除医学方面的要求不那么严格外，其他的训练与要求与有人驾驶飞机飞行员的要求基本相同。另外，CASR 根据远程引航站（Remote Pilot Station，RPS）环境、遥控驾驶飞机申请和飞机型号的不同本质和特性，对有关要求也相应地做出了特殊的调整。而对一些遥控飞机机组成员的资格条件的要求则可能与传统的有人驾驶航行的资格要求有很大不同。

根据 CASR 第 101 部分的规定，一个无线电操作员证书的取得，需要通过航空执照理论考试，并完成无人机生产商为该型号的无人机运行所设置的课程，同时还必须具有在非管控空域运行无人机 5 小时以上的经验。

9.1.4 澳大利亚无人机管理经验

澳大利亚在管理无人机运行方面取得了许多成功的经验，这些经验主要体现在与工业的对接、运行空域的使用和训练及执照标准等方面。

1．设计与生产管理

设计与生产管理是指在无人机设计生产阶段，将安全性标准引入到无人机的生产过程中的管理，如生产许可证、适航性认证等。在这方面由 CASA 和一些航空工业机构以及其他团队共同成立了标准化咨询委员会（The Standard Consultative Committee，SCC），为 CASA 在规章、标准和其他相关的咨询方面提供建议。SCC 的下属委员会——无人机工作小组提供发展无人机规章和指导性意见。CASA 为无人机建立了一个网站，以期为无人机的安全运行提供最新消息，并通过对近期发生的无人机事件进行分析，从而为航空工业机构提供建议。

2．无人机运行管理

澳大利亚能够提供大量适合空域供无人机运行使用。澳大利亚允许若干架无人机和有人驾驶飞机同时利用空域进行安全、有效的运行。比如，能够在复杂的空域中提供隔离保护的自动管理隔离系统；能够避让活动的或静止的障碍物的有人驾驶飞机和无人机的监测和避让系统等。除此之外，CASA 还与工业、学术、军事和其他政府部门紧密合作，以确保无人机系统的运行安全。

9.1.5 飞行员训练和获得执照的标准

目前，专门为遥控飞机所设计的一系列的训练标准已经制定出来，具体包括人员因素、安全管理系统、风险评估和管理等内容。

9.2 欧盟无人机管理

9.2.1 欧盟无人机管理机构

欧盟的无人机管理机构"欧洲航空安全局（EASA）"（前身为联合航空局）是 2002

年成立的，总部设在德国科隆，有 31 个成员国，设有欧洲空管局、民用航空设备工作组（EUROCAE WG-73）、北大西洋公约组织（FINAS WG）等管理机构。

目前 EASA 的职能主要致力于最大限度地保护欧洲公民的安全，促进欧盟航空业的发展。主要负责制定民用航空安全和环境方面的规章，并负责监督各成员国对这些规章的实施，当然对于无人机的管理也包括在内。

在无人机领域，EASA 及欧盟的若干个工作小组和其他一些组织也正在致力于推动欧盟统一天空政策的制定。虽然这些立法建议对无人机的管理并没有任何实际权力，但其对欧盟无人机的运行和管理却产生着重大的影响。

1. 欧洲空管局

欧洲空管局，即欧洲空中航行安全组织，是一个政府间组织，其成员包括 39 个会员国和欧共体本身。该组织致力于泛欧洲空中交通管理系统的发展，维护欧洲航空安全和环境的可持续发展。

欧洲空管局针对无人机的运行专门成立了 UAV-OAT Task Force（TF），起草了《有关在隔离空域以外军用无人机作为 OAT 飞行时所需要遵守的 ATM 规范》，该规范由各成员国自愿选择使用。

2. 民用航空设备工作组（EUROCAE WG-73）

民用航空设备工作组的首要任务是研究制定无人机运行的规则框架，使无人机和有人驾驶飞机在现存的 ATM 环境下能够以相同的方式和方法进行管理。工作组下辖无人机运行小组，无人机适航性小组，指挥、管理、通信、频谱和安全小组，150kg 以下无人机小组四个小组。EUROCAE WG-73 正在努力将无人机的运行整合进入欧洲空域系统之内，最近又成立了对无人机飞行员进行训练和发放许可证的专门小组，该小组所要遵循的一个基本原则是其应当按照有人驾驶飞机飞行员的程序对无人机的飞行员进行训练和颁发执照，除非二者具有明显的区别时，其他程序才可能适用。

3. 北大西洋公约组织

2004 年，北大西洋公约组织设立了无人机在非隔离空域飞行的工作组（FINAS WG），目的是为北约无人机过境飞行提供便利。

北大西洋公约组织致力于研究制定各类标准化协议、无人机运行者训练标准、感知并避让的基本要求和系统安全要求，并专门设立了无人机系统适航性需求分析专家组，制定了《北约无人机适航性法典》。

《北约无人机适航性法典》是针对《有人驾驶民用航空适航性法典 CS-23（JAR-23）》所做出的特别修改。其适应范围是最大起飞重量在 150～2000kg 的固定翼无人机。而北约则准备将其作为将来的标准化协议予以适用。

9.2.2 欧盟无人机管理规章

欧盟到目前为止，在无人机相关领域只制定了一个政策声明，即 2009 年颁布的《关于无人机系统的适航性认证的政策声明》（Policy Statement Airworthiness Certification Systems，PSACS）。该声明是在 EASA 无人机的法律框架内，目前生效的唯一政策性文件。该声明遵循了欧盟的基本法和其他相关规定，为重量在 150kg 以上的无人机的型号认证（包括环境保护）建立了一般性规则；同时，它也是 EASA 成员认证无人机系统的基本准则。

9.2.3 欧盟无人机管理内容

欧盟《关于无人机系统的适航性认证的政策声明》，是目前欧盟内的唯一政策性文件，是欧盟成员认证无人机系统的基本准则。其主要内容如下：

对无人机系统做出了准确定义；

规定了适用范围是关于无人机的型号认证和限定的型号认证程序；

该政策声明的总体目标是使受理无人机系统适航性申请更加便利，从而促进 EASA 建立并保持高度统一的欧洲民用航空安全标准，主要目标是保证地面人员、财产安全的适航性目标和环境保护目标。

该政策声明对于民用无人机的认证将遵循现存的、通用的民用航空器的型号认证程序。EASA 对证明其自身符合规定型号认证条件的申请人颁发型号证书，并对被批准型号设计的无人机系统颁发适航性证明。另外，该政策声明允许以保证运行安全为前提的情况下，可以通过降低型号证书的要求来颁发受限的型号证书，也可以通过降低适航性的要求来颁发受限的适航性证明。

例如，一架无人机要飞越的地区全部是偏远地区，它对这些地区产生的安全风险很小，那么该无人机系统则将会被授予受限的型号证书。但是这种替代方法的适用并不是任意的，同样要符合 EASA 所界定的总体安全目标。

该政策声明规定了无人机系统认证范围、性能证明以及无人机系统适航认证的适应范围等内容。

例如，颁发无人机适航证明所依据的法律是欧盟 1702/2003 条例 Part-21 subpart H；无人机适航证明的更新所依据的法律是欧盟 2042/2003 条例 Part-M subpart I；无人机噪声证书（Noise Certificate）的颁发所依据的法律是 Part-21 subpart I；在无人机飞行许可方面的法律依据是 Part-21 subpart P；持续性适航方面所依据的是欧盟 2042/2003 条例 Annex l（Part-M）。感知并避让（Detect and Avoid）以及安全（Security）议题并不属于无人机适航性认证领域，因此该政策声明并没有涉及以上两方面的问题。

9.2.4 欧洲无人机管理经验

欧盟自 2003 年起就开始了民用无人机管理。

2003年欧盟相关部门起草《有关在隔离空域以外军用无人机作为无人机飞行时所需要遵守的ATM规范》（以下简称《无人机规范》）。该规范本身并不具有法律效力，而是由各成员国自愿选择使用。

《无人机规范》是从民用/军用协调常务委员会（EUROCONTROL），监督和咨询框架内选出的最适当的方式，其自愿性使得成员国自由决定是否将其纳入到本国法规之中，同时，这也是维系该规范高级别和通用性的有效途径。

《无人机规范》接受了由外部承包商提出的安全保证程序，来支持军用无人机在非隔离空域作为协调空域以外运行被认为是安全的这一论点。

提供给无人机的空中交通服务应与提供给有人驾驶飞机的那些规则相一致，并且无人机也应配备与有人驾驶飞机所需的有关飞行、导航和通信类似的功能。

《无人机规范》已通过了EUROCONTROL拟定的规则制定的公告机制并接受了利益相关者的磋商，且经磋商后发表的意见也已经被纳入到之后的草案中。另外，该规范同样应遵循每两年一次的审查，以确保其不落后于无人机和ATM技术的发展。

9.3 美国无人机管理

9.3.1 美国无人机管理机构

在美国的国家空域系统（NAS）中，飞行器运行的航空管理机构是美国联邦航空局（Federal Aviation Administration，FAA）。

无人机的运行管理机构是FAA下辖的两个办公室：

一是FAA在航空安全办公室设立了无人驾驶飞行器项目办公室（the Unmanned Aircraft Program Office，UAPO）；

二是在空中交通组织（Air Traffic Organization，ATO）设立了无人驾驶飞行器系统工作组（the Unmanned Aircraft Systems Group，UASG）。

这两个部门相互合作，以便更有效地对无人机进行管理。

9.3.2 美国无人机管理规章

美国的无人机管理规章主要有运行规则、咨询通报和政策声明。

1. 运行规则

在美国，FAA有权制定飞行器的运行规则，这些规则被统称为联邦航空规则（Federal Aviation Regulations，FAR）。在FAR的术语中并没有出现任何有关UAV、UAS或者其他无人机的相关表述，然而FAR中对"飞机"和"空中交通"等术语的范围界定相当宽泛，无人机及其运行当然也包括在内。因此，在美国，无人机及其运行并没有平行于FAR的、特殊的专门性规则，而是要适用FAR的相关规定。

FAA 主要通过咨询通报（Advisory Circulars，ACS）和政策声明（Policy Statements）这两种方式来制定 FAR；前者无拘束力，而后者则有拘束力。关于无人机及其运行的咨询通报为参考 14 CFR 91（General Operating and Flight Rules）制定的 AC91-57；关于无人机及其运行的政策声明为 05-01 无人机运行政策声明第 400 条（AFS-400 UAS Policy Statement 05-01）和无人驾驶飞机在国家空域系统中的运行（Unmanned Aircraft Operations in the National Airspace System）。

2. 咨询通报

咨询通报 AC91-57 是为了鼓励航模飞机操作员自愿遵循安全标准而于 1981 年公布的。根据该咨询通报，航模爱好者的活动应远离居民区；应对飞机的适航性进行检测和评估；飞行高度不应超过地面以上 400ft；如果航模飞机在机场 3mile（1mile=1.609 344 千米）范围内进行飞行，应当取得当地管制机构的授权；航模飞机必须随时给其他飞机让路，并避免碰撞。

3. 政策声明

1）政策声明 AFS-400 UAS Policy Statement 05-01 公布于 2005 年 9 月 16 日。该政策声明指出，由 FAA 决定无人机是否被允许在国家空域系统（NAS）内飞行。FAA 要求在具备可以接受的安全标准时才能进行无人机飞行活动。根据该政策声明，FAA 为无人机开发者和操作者提供了两种选择：一是作为公用飞机运行无人机系统，可以申请一次一年有效期的、允许特定飞机在具有特定运行界限的、特定飞行环境下飞行的适航证（COA）；二是可以依据联邦条例法典（Code of Federal Regulations）得到一个针对飞机的特殊的适航证明，并严格地遵守 14 CFR 91 中所设置的所有空域规则，并由一个合格的飞行员操控。该政策声明仅适用于军用无人机和公用无人机，而不适用于民用无人机。

2）政策声明 Unmanned Aircraft Operations in the National Airspace System 公布于 2007 年 2 月 6 日。该政策声明是由 FAA 宣布的一个关于非军用无人机运行的官方性声明，考虑到商业性无人机的运营者依据 AC91-57 在国家空域中运行无人机，FAA 制定了该政策声明，据此专门排除了个人或公司基于商业目的依据 AC91-57 使用无人机的情形。同时，该政策声明也是为了对美国法律执行机构和一些小型的无人机制造商想要通过模型飞机的规则来运行无人机系统这一事实做出回应而制定的。根据该政策声明，FAA 只允许依据现行的授权证明和实验飞机安排运行无人机。该政策声明还表明，关于无人机的运行，FAA 现在的态度是除非经过特别授权，任何人不得在国家空域系统内运行无人机。作为公共飞机运行的无人机，其授权是适航证（COA）；作为民用飞机运行的无人机，其授权是特殊的适航性证明；模型飞机的授权依据则是 AC91-57。

同时，FAA 也是美国无人机运行的执法机构，其可以对违反规定的无人机运行者处以罚款、吊销执照等制裁。

9.3.3 美国无人机管理内容

无人机管理内容主要是无人机运行者取得飞行许可的程序，如运行规则、安全规章、执照管理、适航管理、无人机在非限定飞行区域内的运行等。

美国联邦航空局第 7610.4 号令（FAA Order 7610.4）描述了无人机运行者取得飞行许可的程序，无人机作为 FAR 中所界定的"飞机"，其运行应适用 FAR 中的大部分规定，具体包括：

1. 运行规则

（1）安全避撞 无论是基于仪表飞行还是目视飞行，无人机的运行必须能够"看见-避让"或"感知-避让"。

如果无人机在 A、B、C、D 类空域（A 为高空管制区域，B 为中低空管制区域，C 为进近管制空域，D 为塔台管制空域，见图 9-1）运行，需要装备用来和 ATC 通信的双向无线电通信设备；在 A、B、C 类空域运行时，飞行员将需要全时与 ATC 保持双向交流；在 D 类空域中，如果由塔台控制，在起飞时和起飞后也需要双向通信，否则，只要求起飞后的双向通信即可。另外，无人机在 A、B、C 类空域运行时，还必须装载自动转发器设备以使 ATC 能够对其定位并进行识别。

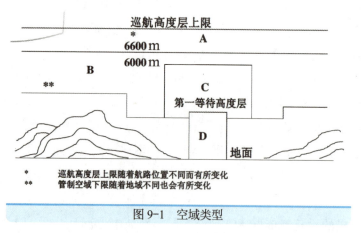

图 9-1 空域类型

（2）机长职责 无人机机长负责决定无人机是否达到安全飞行的条件，且无人机机长和机组人员在受药物（不限于违法的药物）和酒精影响（饮酒后 8 小时之内）时，不得工作；在执法人员提出要求时，无人机机长和机组人员需要进行血液酒精测试。

无人机运行者还必须同时遵循 FAA 公布的命令、咨询公报、通知（NOTAMS）以及临时飞行限制（TFR）中的相关规定。

依据 AC91-57，娱乐性质的航模飞机在 400ft 以下运行可以制定自己的飞行规则，但该规定并不适用于商业性质的无人机和政府执行公务等其他性质用途的无人机的运行。

2. 安全规章

安全规章由作为国土安全部（DHS）一部分的交通安全管理局（TSA）公布，这些规章对无人机及其运行具有约束力。依据（联邦法典第 49 条）CFR Title 49，无人机运行者需要建立一套安全性程序，并允许 TSA 观察员审查无人机的运行计划和相关的执行状况。程序中的一部分将要求无人机运行者在专属区协议中控制进入飞机的权限，并在执行运行任务前履行安全观察职责。而且，无人机运行者还必须建立应急方案以应对劫机及其他威胁。

无人机运行必须要保证控制中心的安全，且其要求应与 FAR 中对机上飞行员座舱的要求一样，即只允许被授权人员进入。若存在对无人机运行的干扰或劫机的情形，无人机运行者将履行对无人机和控制中心进行监测、观察的职责，无论威胁是来自地面还是空中，无人机运行者均应与当地相关机构、飞机场和 ATC 取得联系。关于此种威胁的信息可以从 TSA 的信息通报和安全指示中获得。

在无人机进入美国空域执行运输任务的距离从起飞点起算超过 10mile 航向距离时，或者在进入敏感空域（如华盛顿周边空域）时，应当能够通过转发器或与 ATC 和其他政府机构的双向通信对无人机进行定位并识别。这种识别和通信设备的配置要求与无人机在 A、B、C 类空域运行时的设备配置要求类似。

在飞机的飞行员与 ATC 及其他机构双向通信失败时，FAR 规定了其飞行员控制飞机的程序。因此，无人机处于相同情形时其机长也应当进行类似处理，即应当进行编程，使无人机在不能双向通信时能够自动遵循由 ATC 为其预设的规则；而在机长和无人机失去信号联系时，无人机运行的预定方案应当和有人驾驶飞机在相同情况下的方案类似。

3. 执照管理

FAR 对各种类型的飞行员、机组人员和其他相关人员的技术、经验以及医学证明等方面做出了不同的要求，但 FAA 并没有专门针对无人机的机组人员、工程人员、技术人员、机械师、维修人员等相关人员的知识、经验等方面的标准做出规定。依据 FAR 的相关规定，对一年内有过违法使用、种植、生产、销售、购买以及进出口麻醉药品的人的执照申请将予以拒绝；对已经取得执照而有上述行为的人，对其执照将予以暂停或撤销。以上规定对无人机相关运行人员也应当具有拘束力。

4. 适航管理

FAR 对无人机适航证明的要求比《芝加哥公约》和国际民航组织的标准及建议措施（ICAO SARPS）的相关要求更为严格。与 ICAO SARPS 一样，FAR 没有直接强调无人机的特殊规定，而是通过将无人机解释为飞机的一种，进而依据美国联邦航空局第 7610.4 号令，第 9 部分，第 12 章，空管服务保障（FAA Order 7610.4. Special Military Operations，Chapter 12，Section9）中的适航证（COA）程序，对无人机的适航证明做出规定。

其中，依据 FAR 相关规定，民用无人机制造商除了要取得型号证明（Type Certificate）

和适航证明外，还需要取得产品证明。产品证明一般要求生产者具有一套质量控制系统，以确保生产无人机的每一环节均达到型号证明中的规范要求。

5. 无人机在非限定区域内运行

1999年，美国国防部与FAA开始合作项目，制定了FAA Order 7610.4。根据FAA Order 7610.4的现行规定，无人机运行的一般规则是：无人机应当在限定的区域和警戒区域内运行，如果无人机运行者想要在限定区域或警戒区域以外飞行，必须取得COA。据此，COA程序保证了FAA对在非限定空域飞行的无人机的数量的管理。

无人机的运行必须在限定区域和警戒区域外的每个FAA区域均取得COA，每个COA的有效期在1年以内，而且还要求飞行时间和线路不会对其他飞行器和地面人员造成危险。COA的申请必须包含对计划的飞行情况（包括空域类型、无人机的物理特性、驾驶方法、与"感知－避让"相同的防撞措施、与机长和ATC通信的方法、飞行线路、在必须中止飞行或通信失败时的终极程序以及COA要求的适航证明等）的详细描述。

随着美国"全球鹰"无人机的发展，美国空军（USAF）与FAA合作为"全球鹰"无人机建立了运行空间管理，将运行国家所有的"全球鹰"无人机的批准时间缩短到了5天。然而，NCOA只适用于在限定区域包括起飞和着陆在内的国内运行。

6. "感知-避让"的安全性问题

FAA要求无人机具有与有人驾驶飞机同样的"感知－避让"安全标准。同时，FAA对申请COA的无人机要求其必须配备标准的飞机防撞灯，并且必须在飞行过程中全时开启；此外，无人机还必须配备FAR所要求的高度编码转发器（转发器必须依据ATC指定的编码运行，除非另有授权，无人机机长必须能够在飞行过程中重新设置此种编码；转发器一旦出现故障，ATC则能够全权决定是否取消飞行）。为了能够和ATC的相关设备进行通信，要求其能够与机长实现即时双向无线电通信，但在有限范围和短暂的飞行中，也允许使用替代方式进行通信。

FAA Order 7610.4k是允许无人机在限定空域和警戒空域之外的空域飞行的一份制度障碍，之所以这样说，主要是因为该规定一般要求60天的间隔时间；而且，该规定只适用于军用无人机的运行，并不适用于民用无人机；另外，它也不允许只需在非限制空域和非管理空域（如G类空域）内运行的无人机运行。

9.3.4 美国无人机管理经验

无人机在美国军事、民用和商业以及政府任务的执行方面均得到了广泛的运用。其最主要的管理经验是将无人机根据不同的运行方式，进行分类，从而方便管理。

例如，国土安全部用于边境和港口的监控；国家航天局（NASA）和国家海洋和大气局（NOAA）用于科研和环境监测；执法机构用于公众安全、一些州立大学的研究以及公共（政府）机构的其他各种用途。

无人机在民事领域的应用也在逐渐扩大，主要包括商业摄影、航空测绘、农作物监测、广告、通信和广播等。在美国，有大约 50 家企业、大学和政府机构已经设计、研发并生产了超过 155 种无人机。

关于无人机的运行方式，除了建模人员的娱乐性用途之外，在限制空域以外的 NAS、UAS 还可以以两种方式运行，即实验性特殊适航证（Special Airworthiness Certificates in the Experimental Category，SACEC）和豁免或授权证（Certificates of Waiver or Authorization，COA）。相应地，不同类型的无人机所遵循的认证方式也有所不同。

1．模型飞机

FAA 咨询通告（AC）91-7 中涵盖了用于娱乐性用途的 UAS，一般限制其在低于地面 400ft 以下的，且远离机场和空中交通的 NAS 中运行。

2．实验性 UAS

对于 UAS 和选择性驾驶飞机（Optionally-Piloted Aircraft，OPA）的民间运营商而言，SAC-EC 是唯一的认证方式。由于监管的需求，实验性特殊适航证（SAC-EC）核准排除了将其用于载运人员或财产而获得报酬或用于出租，而只允许用于研究和开发、市场调查和机组人员培训。自 2005 年 7 月以来，FAA 已经向 13 个民间运营商一共核发了涵盖 20 种 UAS 和 OPA 类型的 94 个 SAC-EC。FAA 则与这些运营商合作以收集技术和业务数据，从而完善 UAS 适航认证程序。

3．公共 UAS

COA 程序主要是针对公共机构，包括军事、执法和其他想要在民用空域运行 UAS 的政府机构。申请人在网上提交申请，FAA 对其进行审查。FAA 核发 COA 一般基于以下原则：

1）COA 授权运营商使用限定的空域，还包括针对一些拟定的运行计划的特殊规定。例如，一个 COA 可能包括仅仅在目视飞行规则（VFR）或仅在白天的一项运行需求。大多数的 COA 都有一定的有效期（最长时间为一年）。

2）大多数 COA 需要与一个适当的空中交通管制设施进行协调，而且可能要求 UAS 配备一个转发器，以便其在特定类型的空域运行。

3）由于 UAS 不能像有人驾驶飞机一样遵守"看见-避让"的运行规则，因此，在限制其他使用者的空域之外运行时，视觉观察员或所附的"追逐"飞机必须作为 UAS 的"眼睛"，并时刻与其保持视觉的联系。

FAA 在 2010 年颁发了 298 个 COA，与 2009 年颁发的 146 个相比增加了一倍多。

4．民用 UAS

随着小型 UAS 规则的拟定和民用 UAS、NAS 一体化进程的逐步更新，FAA 正在制定计划，以期将民用 UAS 安全地整合到 NAS。该计划将勾勒出 FAA 所要制定的安全一体化标准和政策的研发需求，现在正处于过渡阶段，随着时间的推移，其最终将被整合到未来的 NAS。

美国 NAS 包括平均每天超过 10 万份的航空业务，包括航空运输、空中的士、通用航空、军用飞机等。至关重要的一点就是 UAS 的运行不能危及当前 NAS 使用者，包括有人驾驶和其他无人驾驶飞行器，或地面上的人员和财产的安全。因此，FAA 的作用集中体现为"安全第一"。

9.4 马来西亚无人机管理

9.4.1 马来西亚无人机管理机构

马来西亚无人机管理机构是马来西亚民用航空局（Department of Civil Aviation，DCA）。DCA 负责本国的无人机适航性认证、飞行规则、飞行安全和空中交通管制等。

9.4.2 马来西亚无人机管理规章

马来西亚政府管理无人机运行的规章主要依据有参考与适用规章和专门的航空情报通告。

（1）参考与适用规章 《芝加哥公约》、1969 年《民用航空法令》和 1996 年《民用航空条例》中有关民用航空器的规定也适用于民用无人机。

（2）航空情报通告（AIC） 马来西亚民用航空局航空情报资料处于 2008 年发布了第四期航空情报通告（AIC），对无人机的定义、运行资格、空管等做了规定。在通告中将无人机（UAV）定义为"无人机是指一种不需要飞行员在飞机上操控就能运行的航空器"（其中重量不超过 20kg 的属于小型航空器，其飞行要求及政策也具有特殊性）。

9.4.3 马来西亚无人机管理内容

马来西亚政府对无人机的管理内容主要有：无人机的适航性认证和注册、无人机指挥者和飞行员的要求、飞行活动、空中交通管理、运行的一般规则、事件／事故报告程序等几个方面。

1. 适航性认证和注册

无人机的适航性认证和注册的主要标准是：最大起飞重量超过 20kg 的民用无人机必须经过 DCA 的适航性认证和注册，而小型航空器（重量小于 20kg）则无这样的要求。

小型航空器主要是指一些娱乐用模型航空器，其在管制空域或机场交通地带的通常飞行高度最大不得高出地面 400ft 且不得进行以空中作业为目的的飞行，除非事先获得空中交通管制单位的许可。

2. 无人机指挥者和飞行员的要求

航空情报通告具体规定了无人机指挥者、无人机飞行员的资格及要求。

无人机指挥者和无人机飞行员均需持有合法、有效的马来西亚私人飞行员驾照，且都必须满足经批准的无人机飞行作业手册中所规定的训练、飞行资格、熟练性等要求。其中，无人机指挥者的职责是对无人机的运行和飞行安全负全部的责任。在类似的空域内执行类似的任务时，无人机指挥者承担与载人航空器的机长或驾驶指挥员相同的运行和安全责任。

3. 无人机的飞行活动

航空情报通告第八条规定无人机应在现有规定空域内飞行，如果未满足安全需求，无人机不能自动享有空域使用权。

在规定空域内，无人机运行者必须确保其飞机遵守适用于载人航空器的规则和程序，以避免影响其他空域使用者的安全；无人机运行者须保证其在马来西亚危险区域之外的常规飞行不会增加对现有空域使用者的风险，也不能排除现有的空域使用者对其空域的使用。无人机应遵循空中交通管制的指令，以及它们将要运行的空域级别所要求的设备标准。

4. 空中交通管理

航空情报通告中详细规定了空中交通管理（ATM）程序，规定无人机的运行应对空中交通服务提供者公开。

无人机飞行员须和载人航空器飞行员一样，在相同时间范围内以同样的方式遵守一切空管指令或者应空中交通服务单位之要求提供信息。

5. 无人机在马来群岛运行的一般规则

航空情报通告中规定无人机在马来群岛运行的一般规则是在某些空域种类中强制载人航空器使用的特殊设备（例如二次监视雷达），也适用于意图使用这些空域的无人机，此类设备应被视为最低要求。

在危险领域或保留空域外的所有飞行，无人机飞行员必须持续监控无人机的运行及所有与空中交通管制部门的联系。无人机飞行员必须在任何时候都能对无人机采取及时、有效的控制，并且须遵循空中交通管制的指令。

无人机需满足标准运行程序的要求，包括起飞和着陆程序、失控数据联系、关键系统崩溃后的终止程序。

6. 事件/事故报告程序

航空情报通告在最后规定了事故的报告程序：报告应当在报告人得知事故发生时起48小时内发出，进一步的报告须在报告人能够得知事故的新信息起48小时内发出，并附上了报告格式及相关程序表等。

9.4.4 马来西亚无人机管理经验

在马来西亚，无人机运行管理所遵循的总原则是无人机未经DCA的事先批准不得飞行，而其运行则必须符合或超过有人驾驶飞机的安全及操作标准。

9.5 日本无人机管理

9.5.1 日本无人机管理机构

日本政府对无人机的管理机构是日本农林渔业部（MAFF）与其附属机构——日本农业航空协会（JAAA）。

9.5.2 日本无人机管理规章

1989 年，MAFF 即发布了《农用无人直升机的暂时性安全标准》；两年之后，于 1991 年，其正式公布了《农用无人直升机的安全标准》。

9.5.3 日本无人机管理内容

（1）建立安全标准　JAAA 在无人机飞行、机身、监测和维修方面建立了安全标准。

（2）认证系统　旋翼无人机不仅在农业方面应用，而且还在观测和环境方面应用，JAAA 能够执行安全运行旋翼无人机的任务。日本已经制定了要求运行者接受指定训练的系统，专门针对旋翼无人机运行的认证和对所有飞机、使用者进行登记的系统，但日本并没有将无人机运行完全地设计进所有类型的空域。从根本上说，JAAA 所制定的安全标准以及认证和登记系统只适用于旋翼无人机在非管理空域运行，大部分只在地面以上 400ft 以下飞行。

9.6 英国无人机管理

9.6.1 英国无人机管理机构

英国无人机管理机构是英国民用航空局（CAA）。CAA 是英国专门负责航空监管和提供空中交通服务的机构，负责包括无人机在内的所有飞行器的运行和管理。

9.6.2 英国无人机管理规章

英国关于无人机系统在管理空域内运行的所有规章均来源于《英国空中航行法令》（ANO）。此外作为欧盟的一员，其所遵循的法律、政策必须同时符合欧洲航空安全局（EASA）有关无人机的规章和实施细则。

目前，英国无人机领域的管理规章主要包括：ANO 和空中规则、CAP 722（CAA 颁布的关于无人机在英国空域的使用条例）、关于轻型无人机系统的政策、EASA 规章及其实施细则、《芝加哥公约》等。

9.6.3 英国无人机管理内容

1. ANO和空中规则

ANO和空中规则的规定涉及设备的配置要求、运行规则、人员执照要求、机场规章和空中交通管理规章。这些规章、规定适用于所有非军用飞机、组织、个人。同时,在英国登记的非军用飞机还必须取得CAA依据ANO颁发的适航证明和飞行许可,但小型飞机不适用上述规定。小型无人机在不符合适航要求、飞行员执照要求和空中规则时仍然可以飞行,但其飞行必须得到空中交通管制单位的许可,否则禁止其在管制空域和机场交通区域飞行;运行高度不得大于地面以上400 ft;未经CAA特别许可,不得基于高空作业的目的而飞行。除此以外,CAA还授予那些不能适用ANO和空中规则相关规定的无人机(20kg以上的非"小型飞机")豁免权,从而使得那些在取得许可机构的许可生效之前已经飞行的无人机,在没有此许可的情形下可以继续飞行。

2. CAP 722

CAP 722是由CAA的空域政策理事会(Directorate of Airspace Policy,DAP)在咨询英国工业,尤其是无人机系统工业之后编制而成的。

CAP 722的制定是为了帮助无人机的参与者得知认证的方法,以确保所有的无人机运行者均符合所要求的标准;目的是强调无人机被允许在英国空域运行之前必须符合适航性和运行标准。视觉控制范围之外的无人机飞行活动则被限制在隔离空域内,从而使无人机能够与有人驾驶飞机一样活动于英国的所有空域。

3. 关于轻型无人机系统的政策

2002年,英国第一次颁布了关于军用和民用无人机系统的认证和运行政策。根据该政策,民用有人驾驶飞机的相关规则也适用于无人机系统,包括无人机系统适航性的认证,参与无人机系统设计、生产、维修和运行的组织的认证。

在CAP 722制定完成和EASA成立后,CAA对无人机政策进行了多次修订,但是其发现对于150kg以下的无人机系统很难适用CAP 722的规定。为了处理这种轻型无人机系统的运行障碍,CAA专门制定了关于轻型无人机系统的政策,以确保在为轻型民用无人机系统的运行提供途径时保持相关的安全标准。此外,能够证明可以适用该政策的无人机以及在安全风险方面与现有的模型飞机等同的无人机,可以获得英国国家规定的豁免。但也并非所有的150kg以下的无人机在该政策下均可以获得豁免,对于没有得到豁免的无人机仍然应当适用CAP 722的一般规定。

4. EASA规章及其实施细则

EASA关于适航性认证和持续适航的规章及其实施细则适用于民用无人机的认证(不适用于军用无人机和国家无人机),但有以下三种例外情形:①专门为研究、实验和科学目的而设计、改造且不量产的飞机;②起初设计目的仅为军用的无人机;③150kg以下的无人机。

对于以上三种类型以外的民用飞机（民用无人机）的运行均应适用 EASA 规章及其实施细则；除了需要有 EASA 的适航性证明外，其运行还应当遵循成员国关于适航证明和持续性适航的国家规定。除此之外，关于设备配置要求、运行规则、人员的执照、机场规章和空中交通服务规章，EASA 均没有做出统一规定。对于 EASA 未做规定的所有事项，均由成员国自行规定。

5.《芝加哥公约》

作为《芝加哥公约》的缔约国和 ICAO 的成员国，英国（民用航空局）应当遵守《芝加哥公约》及其附件中有关无人机的规定。

9.6.4 英国无人机管理经验

1. 民用无人机ATS运行验收测试手册程序

空中交通服务（Air Traffic Services，ATS）由经过适当训练的人员提供。提供的服务内容：空中交通管制、英国飞行情报服务和空中/地面通信服务中一种或一种以上的服务。

一个 ATS 单位可以在划定的地理界限内提供服务，比如在特定的空域部分；也可以在一般区域内提供服务，比如在机场附近。

管理无人机运行的人员应当熟悉无人机飞行的任一空域所适用的规则和程序。

无人机的运行应当让 ATS 提供者知情，飞行员应当在与有人驾驶飞机飞行员相同的时间内以相同的方式遵循 ATS 单位的空中交通管理指令或信息请求。

在英国空域中运行无人机系统需要向 CAA 安全规章小组或空中交通标准部提交安全评估报告，证明其已经通过 ATS 或其他措施对其他空域使用者可能带来的风险进行了评估和鉴定，且已经将风险减小到合理的水平。如果要在隔离空域运行无人机，则该项安全评估应当反映出为避免无人机之间以及无人机与有人驾驶飞机之间在空中发生碰撞而采取的措施。同时，为了减少因无人机或有人驾驶飞机意外地进入隔离空域而发生的事故，该项安全评估还应当包含对于此种情形的安全性论证。

2. 民用无人机ATS紧急程序

ATS 在处理无人机的紧急情况时，应当采取与有人驾驶飞机相同的程序，即管理者、部队联合参谋部军官（FISO）以及陆空无线电报务员进行合作，以期无人机在不造成人员伤亡，如果可能的话，也不造成财产损失的情况下恢复运行或安全着陆。

无人机运行者应当在对无人机失去控制或控制受到显著限制时，向相关 ATS 机构发出紧急通知，此通知应当包括了解到的无人机最后位置、高度和速度及其他充足的附加信息，进而使其对空域使用者和机场经营者做出危险警示。这一安排应当反映在无人机运行者的安全性评估之内。

3. 军用无人机ATS程序

根据国防部（Ministry of Defense，MOD）的相关政策，在遵循规章方面，无人机应当与有人驾驶飞机处于同一个水准。

根据空中运行规则（R307），在没有获得适当方式批准的情况下，禁止无人机在英国的非隔离空域运行。

如果无人机在英国隔离空域（如危险区域、其他运行区域、暂时隔离空域等）飞行，则将会被提供与有人驾驶飞机相同安全水准的防撞服务。而如果无人机在隔离空域而非危险区域飞行，则其将会被基于个案考虑，并要求其与自动驾驶系统（DAS）和DAP保持密切联系。

在隔离的管理空域（ICAO的A～E类空域）内，英国军用无人机应当依据空中交通规则（Operational Air Traffic，OAT）和仪表飞行规则（IFRS）飞行。

空中交通管制当局认为，有关无人机ATS的规章应当保持透明性，包括从着陆的预先通知开始的所有的飞行步骤，以及在无线电话、应答数据程序方面，管理者既不能适用不同的规则，也不能适用不同的标准。

9.7 巴西无人机管理

9.7.1 巴西无人机管理机构

1. 管理机构

巴西无人机运行的管理机构主要是巴西民用航空局（ANAC）和巴西国家电信局（ANATEL）。巴西民用航空局还专门成立了遥控飞机工作组，专门管理无人机的运行事宜。

2. 管理机构的作用

（1）巴西民用航空局

1）无人机的注册。

2）无人机的飞行认证（试行）。

3）无人机的第三方保险。

4）起草RBAC 93（运行）。

5）起草IS nr 21-002（适航性飞行批准）。

（2）巴西国家电信局（ANATEL）

1）无线电通信执照核发。

2）无人机使用频率的界定（WRC 2012，by ITU）。

（3）遥控飞机工作组 由ANAC（成员包括适航、航务、航空医学、飞行评估）、巴西空域管理局（负责空中交通管制）、ANATEL和联邦警察部门（Federal Police Department，FDP）等组成。

遥控飞机工作组的主要任务是制定适用遥控飞机的特殊规则。

9.7.2 巴西无人机管理规章

目前巴西无人机的管理依据是 2010 年 9 月 23 日发布的航空情报通告 AIC A 15/10。

9.7.3 巴西无人机管理内容

1. 定义

航空情报通告 AIC A 15/10 中有关无人机管理的内容主要是定义了与无人机有关的相关概念，如什么是无人机等，着重区分了自动航空器与遥控飞机的区别。

2. 分类

对无人机的运行进行了分类：

根据遥控飞机的性质，将无人机的运行分为非机密运行和保密运行两种。非机密运行由地区单元和空域管理局负责协调；保密运行由地区单元和领空防御司令部负责协调。

根据遥控飞机的外形，将无人机的运行分为视线内运行和视线外运行两类。

视线内运行（目视飞行，VFR）是指，飞行员或观测员能够直接看到遥控飞机。

视线外运行包括仪表飞行(IFR)或目视飞行(VFR)，不需要同遥控飞机保持视觉联系。

3. 空中管制

空中管制是指无人机运行前后有关无人机飞行批准方面的相关规定。这些规定有空域申请、申请批复的时间与内容、申请的调整、申请的结果等方面的内容。

（1）空域申请　无人机在巴西的空域飞行申请，必须提前 15 日将符合格式和内容的申请书提交给巴西民用航空局的地区单元（CINDACTA Ⅰ、CINDACTA Ⅱ、CINDACTA Ⅲ、CINDACTA Ⅳ and SRPV SP），这些地区单元主管飞行所在的空域，并在通用空中交通中负责批准无人机的飞行。

（2）申请批复的时间及内容　地区单元主管部门在接到使用者的飞行申请书后，应在 5 个工作日内给出一个报告。

申请内容包含航空器的物理特征（尺寸、重量、固定翼/旋转翼，发动机的型号等）和远程操作站；航空器的飞行特征（速度、升限、续航时间、起飞/发射方式和着陆/回收方式等）；与空中交通管制机构的通信能力；飞行计划（飞行的确切位置，包括线路、高度、日期/时间和持续时间）；远程控制站的位置；有关有效载荷的信息；失去联系后采用的程序；遥控飞机的导航和侦测、躲避能力；联系电话或传真号码，或电子信箱；其他必要的信息和意见等内容。

报告中含有无人机的飞行对空中交通流量的影响；目标区域的确切位置与终端区、空中交通模式、空中交通服务、标准仪表离场和仪表进近图的关系；在飞行区域，有关人口和建筑物集中程度的信息；飞行的性质，是民用、警用还是军用；如果有的话，对最初申请的限制和改变；其他必要的信息和意见等内容。

（3）申请的调整　如果批准申请需要做一些调整，地区单元应联系空域使用者，检查这些调整的可行性，使其能够符合 AIC A 15/10 的规定和进一步的飞行授权。与此同时，地区单元的报告须存档，并且在巴西空域管理局需要的时候提供。

（4）申请的结果　申请的结果分为通过和拒绝。如果飞行申请被批准了，地区单元应采取所有需要的措施以保证其能够实行，并且用传真告知使用者和空域管理局这个决定，说明这次飞行必须满足的所有条件。如果地区单元考虑这次飞行申请不能满足相关规定，应该通过传真告知空域管理局其决定，说明其不批准申请的原因。空域管理局接到报告后，应复核地区单元的报告并且决定此次申请是否被批准，在 5 个工作日内做出决定并通知申请人。在这种情况下，地区单元应该让使用者了解程序的进展。根据使用者的申请和地区单位的分析，飞行申请批准的最长时间可达 6 个月。当然，如果军事机构和公安机构使用无人机，考虑其任务所要求的特殊性，其飞行申请可以特殊对待。

9.7.4　巴西无人机管理经验

巴西政府对无人机的管理经验主要体现在对飞行申请的批准应立足于个案评估，综合考虑申请的特殊性以及巴西空域控制系统中所有使用者的安全来进行评估。

民用无人机的主要评估内容包括：无人机无论在空中还是地面运行都不应给生命和财产带来危险；无人机的运行至少应满足同载人航空器运行一样的安全标准；无人机不得在城市、城镇、聚居区或者户外人群上空飞行；无人机运行应适用现有的规章制度，并且不得从空中交通管制单位获得任何特殊对待；飞行只能在航行通报界定的隔离空域进行，禁止与载人航空器共同用一个空域；如果无人机在一个共享机场运行，投放回收时禁止使用汽车或相似的程序，应利用机场起降航线飞离和降落，直至完全停止。

必须注意的是，以上的飞行申请程序仅适用于通用空中交通中的飞行，军事活动区（机密运行）的飞行申请另有特殊的规则。

习题

1. 简述各国的无人机管理机构。
2. 简述各国的无人机管理规章。

附录
习题参考答案

第1章 习题答案

1．民用航空法是调整民用航空活动中所产生的社会关系的法律规范的总称。

2．民用航空法具有国际性、独立性、综合性和平时性四个特性。

3．民用航空法的调整对象是民用航空活动以及由此产生的各种法律关系，具体来说，民用航空法主要是对有关航空器航空人员等的规定、规范和调整国际国内公共航空运输、通用航空运输活动及其所产生的行政管理和农商法律关系。

4．民用航空法主要由国际条约、国际法的一般原则和习惯、国内法以及法院判例等组成。

5．民用航空法的发展阶段主要有萌芽时期、形成与完善时期和现代民用航空法的发展时期三个阶段。

第2章 习题答案

1．"空域"是航空器运行的活动场所。

2．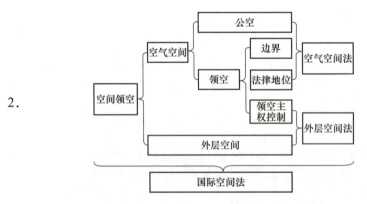

3．国家领空是国家的领陆和领水之上的空气空间，是国家领土的组成部分，国家对它有完全的排他的主权，它包括国家对领空资源排他的占有、使用、处分权和对领空及其内的人、物、事的管辖权。

4．领空的范围是指以地球中心为顶点，由与国家在地球表面上的领陆和领水的边界线相垂直的直线所包围的圆锥形立体空间。

5．领空主权是指每一国家对其领土之上的空气空间享有完全的和排他的主权，是国家领土不可分割的部分。

6．（1）国家对其领空享有所有权。

（2）国家对其领空享有管理权。

（3）国家对其领空享有管辖权。

（4）国家对其领空享有自保权。

7．领空主权的保护是指领空一旦受到侵犯，就相当于国家的主权受到了侵犯，这个时候可以采取任何措施来保证自己国家的主权不受到侵害。

领空主权的限制是指国家在行使其对领土上的空气空间所拥有的"完全的和排他的主权"时，不是绝对的，而是相对的，是受习惯国际法规则限制的。

8．空域管理是指根据国家颁布的相关法律、法规，为维护国家安全，兼顾民用、军用航空的需要和公众利益，统一规划、合理、充分、有效地利用空域的管理工作。

9．空域管理的内容主要包含空域的划分和空域的规划两个方面。

10．空域管理的原则有主权性原则、安全性原则、经济性原则。

（1）主权性原则主要是指空域管理代表各国主权，不容侵犯，具有排他性。

（2）安全性原则主要是指在有效的空域管理体系下，确保航空器空中飞行安全，具有绝对性。

（3）经济性原则主要是指在确保飞行安全性的基础上，对空域实施科学管理，保证航空器沿着最佳路线飞行，在最短时间内完成飞行活动，具有效益性。

第3章 习题答案

1．航空器是指以空气的反作用力为支撑的任何器械，包括重于空气的飞机、飞船、滑翔机、直升机，也包含轻于空气的氢气球，其关键在于该器械有无升力。航空器根据需要和用途不同，可分为国家航空器、民用航空器、通用航空器和无人机。

2．民用航空器是指除用于执行军事、海关、警察飞行任务以外的航空器。

3．国家航空器是指用于军队、海关和警察部门的航空器。

4．通用航空器是指从事通用航空活动的航空器。通用航空是指使用民用航空器从事非商业运营运输的民用航空活动，包括从事工业、农业、林业、渔业和建筑业的作业飞行以及医疗卫生、抢险救灾、气象探测、海洋监测、科学实验、教育训练、文化体育等方面的航空活动。

5．无人机（Unmanned Aircraft，UA）是指由动力驱动、不搭载操作人员的一种空中飞行器。

6．航空器国籍登记管理是指通过对航空器国籍的登记，实现对具有其国籍的航空器给予保护和施行的管理。

7．航空器国籍登记的内容主要有：

（1）民用航空器国籍标志和登记标志；

（2）民用航空器制造人名称；

（3）民用航空器型号；

（4）民用航空器出厂序号；

（5）民用航空器所有人名称及其地址；

(6)民用航空器占有人名称及其地址；

(7)民用航空器登记日期；

(8)民用航空器国籍登记证书签发人姓名。

8．民用航空器国籍登记管理必须遵守的原则是所有权登记原则、只许有一个国籍的原则、联合经营的原则。

9．民用航空器权利登记的具体内容有民用航空器所有权登记、民用航空器占有权登记和民用航空器抵押权登记。

10．民用航空器优先权是指债权人依照规定，就援救该民用航空器的报酬、保管维护该民用航空器的必需费用向民用航空器所有人、承租人提出赔偿请求，对产生该赔偿请求的民用航空器具有优先受偿的权利。

11．航空器适航管理是指航空器适航主管机关依照法律规定，对航空器从设计、定型开始，到生产、使用直至停止使用的全过程实行监督，以保证航空器的安全为目标的技术管理和科学管理。

民用航空器的适航性管理具有权威性、国际性、完整性、动态发展性和独立性等特性。

民用航空器的适航管理分为初始适航管理和持续适航管理两类。

第4章 习题答案

1．民用无人机法律法规是无人机应用的法律保障基石，它使无人机飞行、作业等有法可依。无人机法规用来规范民用无人机适航性设计、生产、运行以及从业人员的训练、管理等。

2．民用无人机法规的特性有独立性、综合性、平时性和国际性等。

无人机法规的独立性是指无人机的法规自成一类，形成一个独立的法律体系。

综合性是指将不同部分、不同事物的属性合并成为一个整体的特性。

平时性是指无人机的相关法规仅用于调整和平时期民用无人航空活动及其相关领域产生的社会关系。

国际性体现在法律法规来源的国际性。

3．无人机法规主要分为运行规则类、人员类和训练类三大类。

4．民用无人机的立法发展历程经历了萌芽时期、形成时期、完善时期三个阶段。

5．主要有《通用航空飞行管制条例》《民用无人机空中交通管理办法》《低空空域使用管理规定》《通用航空飞行任务审批与管理规定》《轻小无人机运行规定（试行）》《民用无人机空中交通管理办法》等。

6．人员类规章主要有：《民用无人机驾驶员管理规定》《颁发无人机驾驶员执照与等级的条件》《民用无人机驾驶员飞行经历记录本填写规范》《民用无人机驾驶员理论考试一般规定》《民用无人机驾驶员实践考试一般规定》《民用无人机驾驶员实践考试标准》《民用无人机驾驶员实践考试委任代表管理办法》《民用无人机驾驶员考试点管理办法》等。

第5章 习题答案

1．划设无人机空域的目的是规范无人机的运行秩序，保证空域的合理使用，保证无人机及其他航空器的运行安全。

2．我国在无人机运行空域的划设上，在空间上应遵循"主导高空、控制中空、放开低空"的原则，在管理上无人机运行空域划设应坚持标准化、程序化、规范化的原则。

3．《中华人民共和国飞行基本规则》《中国民用航空空中交通管理规则》《低空空域使用管理规定》、中国人民解放军空军《飞行管制工作条例》、各军区空军《飞行管制区飞行管制细则》以及上级有关空域管理规定的具体文件，都是无人机空域划设的依据。

4．空域划设包括水平范围、高度、飞入、飞出空域的方法，使用空域的时间、飞行活动的性质等。

5．空中交通管制是指航空管制部门利用技术手段对无人机运行的飞行计划、飞行区域、飞行高度等运行情况进行管理和控制。

6．空中交通管制的内容包括空中交通管制业务、飞行情报和告警业务。

7．无人机安全间隔服务是指利用技术和人工的方法为运行的无人机提供飞行间隔、空域间隔、航线间隔、安全报告及自主间隔等防撞安全措施。

8．飞行间隔服务是指为了安全需要，对飞行空域、航线中的无人机与无人机、无人机与有人航空器、无人机与地面障碍物之间提供安全间隔服务。飞行间隔服务分为人工间隔服务和无人机自主间隔控制两种方式。

9．主要法规有《中华人民共和国民用航空法》《中华人民共和国刑法》《中华人民共和国飞行基本规则》《通用航空飞行管制条例》《民用航空空中交通管理规则》《低空空域使用管理规定》《中国民用航空空中交通管制工作规则》《轻小无人机运行规定（试行）》和《民用无人机空中交通管理办法》等法律、法规，具体实施管理的依据是2016年颁布的《民用无人机空中交通管理办法》中的规定。

10．无人机空域通常划设为隔离空域和临时隔离空域。

隔离空域通常划设在航路、航线附近的无人机基地、试验场、常用训练场的上空；其他地区上空可以根据需要划设临时隔离空域。在规定时限内未经航空管制部门许可，航空器不得擅自进入无人机隔离空域或临时隔离空域。

无人机隔离空域或临时隔离空域与航路、航线的间隔，以及与其他飞行空域的间隔标准，可以按照空中限制区的间隔标准执行。

11．无人机运行空域可分为管制空域、报告空域和监视空域以及目视飞行航线四类。

12．管制空域是指为飞行活动提供空中交通管制服务、飞行情报服务、航空气象服务、航空情报服务和告警服务的空域。

13．报告空域是指为飞行活动提供航空气象服务和告警服务，并根据用户需求提供航空情报服务的空域。

14．监视空域是指为飞行活动提供飞行情报服务、航空气象服务、航空情报服务和告警服务的空域，位于管制空域和报告空域之外。

15．目视飞行航线是指为确保航空用户能够飞到预定空域，且飞行人员在目视条件下飞行的航线。

16．空域管理的主要内容包括空域的准入管理、飞行方法、空域类型调整与调整权限、时限，空域关闭权限等内容。

第6章 习题答案

1．无人机适航管理是指航空器主管机关依据法律规定，对无人机的设计、定型、生产、使用直至停止使用的全过程施行监督，以保证航空器始终处于适航状态的科学管理。

2．无人机的适航性是指有关无人机的安全或结构完整的品质特性，包括无人机的部件和分系统的性能水平以及操作特点上的安全或结构完整的品质特性。

3．适航管理的目的是保证无人机处于最低安全适航状态，使无人机始终具有适航性。

4．无人机的适航管理模式采用以适航证件为核心的管理模式。无人机必须具备三个基本适航证件：型号设计具有型号执照、生产系统具有生产许可证、单架无人机具有适航证。

5．适航管理的内容一般包括文件管理、技术管理、生产管理、维护与维修管理和证件管理几个方面；适航管理贯穿于无人机的设计、生产、维护与维修的整个过程，具体涉及的管理内容主要包括：与无人机性能和飞行特征安全有关的方面；无人机结构（包括发射/回收载荷）的设计、生产；设计、生产航空电子系统和设备及其软件，并保证其功能达到期望的安全水平；飞行手册，包括应急程序和限制；无人机系统控制和通信链的安全评估；控制站所有部分的设计与生产；与安全控制无人机有关的无人机控制站人员要求；飞行避撞系统的设计和生产；有效载荷的集成。

6．无人机适航管理的特性主要体现在适航管理的权威性、国际性、完整性、动态性和独立性等方面。

适航管理的权威性是指其代表国家行使管理权，其管理使用的标准、依据是统一的，具有强制性。无人机的适航管理部门属于政府机构，其本身具有高度的权威性。适航管理部门代表国家行使管理权，是政府为了维护国家权威，对无人机的制造、使用企业所进行的监督检查。无人机的设计、制造、使用和维修单位、个人，必须服从国家适航管理部门统一、公正的管理，以保证适航管理的权威性。

适航管理的国际性主要是指管理标准内容的国际性。如无人机的分类标准、适航标准等各国基本都是一样的，这就决定了各国的适航管理标准必然具有国际性。

适航管理的完整性是指对无人机的适航管理须贯穿无人机设计、生产、使用、报废的整个过程；是国家的适航管理部门对无人机的设计、制造、使用、维修，直至其退役的全过程，都要实施以安全为目的，统一的闭环式审查、鉴定、监督、管理。这是保证民用无人机得以不断改进和发展，并保证其始终处于良好适航状态的现实需要，也是民用航空发展规律的客观要求。正是这些客观的需求，决定了适航管理的完整性。

适航管理的动态性是指无人机发展的时代性和空间资源利用的秩序性。

时代性是指无人机的适航管理是随着无人机的发展与其在民用领域的不断应用所产生的安全需求而产生的。秩序性是指飞行器空中交通运行安全的管理需求性。

无人机适航管理的时代性是随着航空科技进步和民用航空业的不断发展，促使各国适航管理部门不断改进和增加新的适航标准。同时，适航管理也必然随之变化发展，即适航管理不能是静态的、永恒不变的，而应当是动态发展的过程。

空间资源利用的秩序性是指无人机的运行空间受到环境条件的限制、受到有人航空器空间使用情况的限制，因此无人机的运行必须按照批复的时间段和空域进行，这就是空间资源利用的秩序性。

适航管理的独立性是指实质上的独立和形式上的独立。实质上的独立是指适航管理的标准是独立的，公正的、客观的；形式上的独立是指适航管理的组织者与实施者在落实适航管理时，其组织形态是形式上的独立。

适航管理的独立性体现在两个方面：一个方面是落实适航标准的独立性，即适航标准是由企业在无人机的设计、生产、制造过程中落实的；另一个方面是是否符合适航标准，是由适航管理部门根据适航标准对无人机的设计、生产、制造过程进行审查，合格后由管理部门颁发适航执照，方可进入市场进行销售。

7．标准是科学、技术和实践经验的总结，是用来判定技术或成果好不好的根据或者是用来判定是不是某一事物的根据。其定义是通过标准化活动，按照规定的程序，经协商一致制定，为各种活动或其结果提供规则、指南或特性，供共同使用和重复使用的文件。

8．标准的制定和类型按使用范围划设有国际标准、区域标准、国家标准、专业标准、地方标准、企业标准；按内容划设有基础标准（一般包括名词术语、符号、代号、机械制图、公差与配合等）、产品标准、辅助产品标准（工具、模具、量具、夹具等）、原材料标准、方法标准（包括工艺要求、过程、要素、工艺说明等）；按成熟程度划设有法定标准、推荐标准、试行标准、标准草案。

9．技术标准是指重复性的技术事项在一定范围内的统一规定。它是从事生产、建设及商品流通的一种共同遵守的技术依据。

10．标准是国家经济竞争力的核心之一，是一个国家综合实力的体现。技术标准的发展与科学技术的进步密不可分：技术标准以科学、技术和实践经验的综合成果为基础；在市场经济条件下，科技研发的成果通过一定的途径转化为技术标准，通过技术标准的实施和运用，来促进科技研发成果转化为生产力；而在技术标准实施以及科技研发成果转化为生产力的过程中，市场的信息反馈又可以反作用于技术标准的修订改进和科技研发活动，从而促进技术标准和科技发展。

技术标准发展水平的提高是一国研发活动和科技进步的有机组成部分，前者既是后者的成果，又是后者发展的有效推动力。

首先，技术标准的出现和发展以科技进步为前提。

其次，技术标准及标准化的发展与科技进步互相促进。

再次，技术标准发展水平与科技进步成果转化水平，即经济活动中技术密集程度保持一致。

11．无人机适航证照管理是国家适航管理部门，通过对达到适航标准的无人机产品颁发适航证书的方式，实现对无人机产品的适航管理。

适航管理部门的证照管理主要是通过颁发型号执照、型号设计批准书、补充型号执照、改装设计批准书、型号认可证、补充型号认可证、民用航空器材料、零部件、机载设备设计批准认可证、生产许可证、生产检验系统批准书、零部件制造人批准书、技术标准规定项目批准书、适航证、出口适航证、特许飞行证、适航批准标签等证照实现对无人机的适航管理。

第7章 习 题 答 案

1．（1）可在视距内或视距外操作的、空机重量不大于 116kg、起飞全重不大于 150kg 的无人机，校正空速不超过 100km/h 的无人机运行时应遵循本规定的相关条款。

（2）对于植保类无人机，其起飞全重不超过 5700kg，距受药面高度不超过 15m 的，其运行也必须遵循本规定中的条款进行管理。

（3）对于充气体积在 4600m^3 以下的民用无人飞艇，运营人运行时也必须遵循相关条款进行管理。

（4）对于空机重量和起飞重量在 0～1.5kg 的无人机，其持有者进行实名登记（依据适航司颁布的登记管理规定进行），运行时能保证安全，对他人造不成伤害，不必遵守本规定。

（5）对于无线电操作的航空模型，正常情况下不需要遵守本规定的相关条款。如果模型使用了自动驾驶仪、指令与控制数据链路或者飞行设备，则必须遵守本规定。

（6）对于在室内、拦网内等隔离空间中运行的无人机，不需要遵守本规定中的条款，但必须保证采取措施确保人员安全。

2.

无人机运行分类

分类	空机重量 /kg	起飞全重 /kg
Ⅰ	0<W≤0.25	
Ⅱ	0.25<W≤4	1.5<W≤7
Ⅲ	4<W≤15	7<W≤25
Ⅳ	15<W≤116	25<W≤150
Ⅴ	植保类无人机	
Ⅵ	116<W≤5700	150<W≤5700
Ⅶ	W>5700	

3．无人机运行管理的方式主要有采用电子围栏以防止无人机闯入限制区域，采用无人机云系统对无人机的运行进行实时监控，采用登记的方式管理无人机运营人。

4．无人机云系统（简称无人机云），是指轻小民用无人机运行动态数据库系统，用于向无人机用户提供航行服务、气象服务等，对民用无人机运行数据（包括运营信息、位置、高度和速度等）进行实时监测。

5．（1）对于重点地区和机场净空区以下使用的Ⅱ类和Ⅴ类民用无人机，应接入无人机云系统，或者仅将其地面操控设备位置信息接入无人机云系统，报告频率最少每分钟一次。

（2）对于Ⅲ、Ⅳ、Ⅵ和Ⅶ类民用无人机应接入无人机云系统，在人口稠密区报告频率最少1秒/次。在非人口稠密区报告频率最少30秒/次。

（3）对于Ⅳ类民用无人机，增加被动反馈系统。

6．对于没有接入云系统运行的无人机，其管理方式是在其运行前需要按照程序提前向空中交通管制部门提出申请，同时提供有效保证无人机运行安全的监视手段。

7．无人机的登记管理是指通过权利登记机关对拥有无人机的个人和单位进行实名制登记，用以登记无人机权利人、权利性质及种类、权利取得时间以及无人机的名称、型号、最大起飞重量、空机重量、产品类型和无人机购买者的姓名、移动电话等信息，并在专门的权利登记簿中进行记载的一种法律制度。

实名制登记是对无人机进行有效管理，确保运行秩序，保证对无人机进行有效监控的重要手段。实名制登记的要求是进行实名制登记的无人机为250g以上（含250g）的无人机。

8．无人机运行的管控工作职能部门主要有空中交通管制部门、军队空中交通应急处置部门、地方公安部门、海关部门、地方工商部门、安检部门、民用航空交通管制部门。

（1）空中交通管制部门是指对航空器运行进行空中交通管制的部门。

国家民用航空主管部门负责对民用无人机飞行进行监控，配合军队有关部门实施空中监管和空中不明情况的应急查证处置工作。

（2）军队空中交通应急处置部门根据空管部门对无人机运行监控情况，负责组织空中监管，依法实施无人机飞行管制工作，对空中不明情况进行查证处置。

（3）地方公安部门负责对无人机违法违规飞行的处置工作，组织协调重大活动期间无人机地面防范管控工作；配合有关部门依法对无人机飞行实施地面管理，负责对违法违规无人机落地后的秩序维护和现场处置工作，负责对违法违规活动的单位或个人进行查处。

（4）海关部门负责办理无人机（包括散装组件）进境海关手续，按照进境货物、物品监管要求，加强对进境无人机（包括散装组件）的监管，保证通关进境的无人机部附件是符合安全要求的合格产品。

（5）地方工商部门负责对生产、销售无人机企业的登记工作依法核定注册单位名称，审核、颁发有关证照，实行监督管理。

（6）安检部门负责协调影响无人机安全的重大事项；支持配合公安、体育、民航、气象等部门督促从事无人机生产经营的单位做好日常安全管理和安全教育培训等工作；依据有关规定参加无人机事故的调查处理；参与对无人机违法违规飞行的查处。

（7）民用航空交通管制部门负责无人机产品的适航性认证、相关规章制度的制定、无人机运营监管、运营人的训练及注册管理及违规飞行的查处等工作。

9．民用无人机运营人是指从事或拟从事无人机运营的个人、组织或企业。由国家相关部门对运营人进行管理。

运营人在运行无人机的过程中，应当承担的责任是确保拥有的无人机是符合适航性要求的产品；确保操作无人机的人员是经过专业培训并取得驾驶执照的驾驶员或机长；确保无人机运行的飞行计划已得到批准；确保运行的无人机在申请的空域内运行；保障运行的无人机不会给他人造成伤害和财产损失；确保无人机在运行前已经投保地面第三人责任险。

10．（1）设立专门的组织机构；

（2）建立无人机云系统的质量管理体系和安全管理体系；

（3）建立民用无人机驾驶员、运营人数据库和无人机运行动态数据库，可以清晰管理和统计持证人员，监测运行情况；

（4）已与相应的管制、机场部门建立联系，为其提供数据输入接口，并为用户提供空域申请信息服务；

（5）建立与相关部门的数据分享机制，建立与其他无人机云提供商的关键数据共享机制；

（6）满足当地人大和地方政府出台的法律法规，遵守军方为保证国家安全而发布的通告和禁飞要求；

（7）获得局方试运行批准。

11．（1）扩容性　　无人机云系统提供商应定期对系统进行更新扩容，保证其所接入的民用无人机运营人使用方便、数据可靠、低延迟、飞行区域实时有效。

（2）全面性　　无人机云系统提供商应每六个月向局方提交报告，内容包括无人机云系统接入无人机架数，运营人数量，技术进步情况，遇到的困难和问题，事故和事故征候等方面的信息。

（3）发展性　无人机云系统随着无人机的发展和技术的进步，不断进行升级改造，以适应无人机不断发展的需要。

12．无人机管控技术是指能够对无人机运行进行管理与控制的技术手段。

无人机管控技术主要有实时管理无人机运行状态数据信息（地理信息、动态数据信息、高度与大气参数信息等）处理技术（无人机云系统技术）、无人机适航信息管理技术、运行人员的资质信息管理技术、感知-避让技术等，以保证管制部门能有效及时、准确地掌握无人机的状态信息。

第8章　习题答案

1．无人机人员主要有无人机驾驶员（视距内等级驾驶员）、无人机机长（超视距等级驾驶员）、无人机观测员、无人机运营人、无人机教员。

2．对无人机人员的管理方式主要有自行管理、局方管理和行业协会管理三种方式

3．无人机人员的法律责任是行为人由于违法行为、违规行为或者违反法律规定而应承受的某种不利的法律后果。其法律责任主要包括：行政责任、民事责任、刑事责任。

4．《通用航空飞行管制条例》中规定，无人机运营人未经批准擅自飞行的，运行人员不及时报告或者漏报飞行动态的，运营及运行人员未按批准的飞行计划飞行的，会被有关行政部门给予警告，责令其改正，情节严重的处2万元以上10万元以下罚款；运行人员操控无人机未经批准飞入空中限制区、空中危险区的，运营人会被有关行政部门处2万元以上10万元以下罚款，并可给予责令停飞1个月至3个月、暂扣直至吊销经营许可证、飞行执照的处罚，情节严重的，造成重大事故或者严重后果的，依照刑法关于重大飞行事故罪或者其他罪的规定，依法追究刑事责任。

5．《中国低空空域使用管理规定》中规定：对于无人机运营人没有飞行计划申请、未经批准擅自飞行、不及时报告或漏报飞行动态、不按计划飞行、不服从管制指挥指令、不执行管制空域内目视飞行航线飞行方法、管制空域内擅自改变航行诸元的行为，都属于违规飞行的行为。

6．行政管理部门会根据情节轻重，分别给予不同的处罚：情节较轻、未造成严重后果的，处通用航空企业或个人10万元以上30万元以下罚款，暂扣经营许可证半个月至3个月，飞行人员责令停飞3个月至6个月，暂扣飞行执照，相应地区空管协调委进行通报；情节严重造成严重后果的，处通用航空企业或个人30万元以上50万元以下罚款、暂扣经营许可证3个月至6个月，封存航空器，责令当事飞行人员停飞6个月至12个月直至吊销飞行执照，国家空管委进行通报。

7．《通用航空飞行管制条例》《中国低空空域使用管理规定》以及公安部门发布的通告。

8. 无人机人员的法律责任是行为人由于违法行为、违规行为或者违反法律规定而应承受的某种不利的法律后果，主要包括行政责任、民事责任、刑事责任。

第9章 习题答案

1. 澳大利亚无人机管理机构是澳大利亚民用航空安全局（The Civil Aviation Safety Authority，CASA）；

欧盟无人机管理机构是欧洲航空安全局；

美国的飞行器运行航空管理机构是美国联邦航空局（Federal Aviation Administration，FAA）；

马来西亚无人机管理机构是马来西亚民用航空局（Department of Civil Aviation，DCA）；

英国无人机管理机构是英国民用航空局（CAA）；

巴西无人机运行管理机构主要是巴西民用航空局（ANAC）和巴西国家电信局（ANATEL）。

2. 澳大利亚关于无人机管控的规范主要包括两种：民用航空安全规章（CASR）和咨询通报（AC）。

欧盟到目前为止，在无人机相关领域只制定了一个政策声明，即2009年颁布的《关于无人机系统的适航性认证的政策声明》（Policy Statement Airworthiness Certification Systems）。

美国的无人机管理规章主要有运行规则、咨询通报和政策声明。

在美国，美国联邦航空局（FAA）有权制定飞行器的运行规则，这些规则被统称为联邦航空规则（Federal Aviation Regulations，FAR）。

马来西亚政府管理无人机运行的规章主要有参考适用规章和专门的空情通告。

日本政府对无人机的管理机构是日本农林渔业部（MAFF）与其附属机构——日本农业航空协会（JAAA）。主要的管理规章是1989年MAFF发布的《农用无人直升机的暂时性安全标准》；1991年公布的《农用无人直升机的安全标准》。

英国无人机领域的管理规章主要包括：ANO和空中规则、CAP 722（CAA颁布的关于无人机在英国空域的使用条例）、关于轻型无人机系统的政策、EASA规章及其实施细则、《芝加哥公约》等。

目前巴西无人机的管理依据是2010年9月23日发布的航空情报通告AIC A 15/10。

参 考 文 献

[1] 崔祥建,吴菁,成宏峰. 民航法律法规与实务 [M]. 4 版. 北京:旅游教育出版社,2016.
[2] 陈金良. 无人机飞行管理 [M]. 西安:西北工业大学出版社,2014.